サラリーマンの最強副業！

誰でもできる
民泊の教科書
決定版

民泊運営アプリ
「Beds24」開発者
著 長坂創太
協力 吉岡ライズ

CONTENS

はじめに

副業で！ 不動産投資で！ 民泊を始めよう

訪日外国人が急増中の今、民泊は大成長期を迎えています。旅行業界に詳しくなくても大丈夫。副業としても、不動産投資としても、民泊経営は最適です。

宿泊施設の経営というと煩雑なイメージがあるかもしれませんが、私が行ったアンケート調査によると、半数以上の民泊オーナーが副業で運営していると回答しています。また、会計・財務・確定申告サービス大手のfreeeも、サラリーマンにおすすめ副業9選のひとつに民泊を挙げています。

9選のラインナップはというと、メルカリやヤフオクでの販売、アンケートサイトでの回答、などなど。同じおすすめ副業の一つということは、難易度的にはそれほど大きく変わらないはずです。

オンラインのプラットフォームに自分の服を出品するか、部屋を出品するか。興味のある人にそれをどう届けるか。やっていることは基本同じ。民泊は案外ハードルが低いのです。

とはいえ民泊は、物件が必要でしょ？　という意見はもっともです。物件探しは、この副業の最初にして最大の鍵ともいえます。

では、民泊オーナーはどのように物件を調達しているのでしょうか。再びアンケートをとりました。その結果、半数以上が賃貸で物件を借りて民泊を開業していることがわかりました。もちろん、自分の持ち家や一室を貸し出す、あるいは購入して始めている人も一定数います。

このアンケートに回答してくれた民泊オーナーの皆さんは、今もオーナーであり続けている、つまり民泊運営に成功している方々です。つまり、持ち家（部屋）・賃貸・購入、どのような調達方法であっても、民泊は成功するチャンスがあるということです。

どうせネットに出品するなら、一回ポッキリで終わりの1000円の服より、毎年100万円稼いでくれる部屋の方を出品したいと思いませんか？

私は、父が大企業に勤め、母が専業主婦をしている家庭で育ちました。経済的には恵まれていましたが、学生生活は平凡で、心が満たされない日々を過ごしていました。

そんな私の人生に転機が訪れたのは、起業して民泊を開業した時で、民泊の開業には多くの苦労が伴いました。

この10年で私は数え切れないほどの過ちを犯しました。この本は、10年前の自分に宛てた手紙のようなものです。

私はあなたに、民泊開業によって金銭的な報酬を得るだけでなく、仲間も得て欲しいと思っています。民泊業界には素晴らしい人が多く、市場が成長する中でノウハウを共有し合い、共に成長できる環境があります。民泊開業には忍耐や知力、その他さまざまなスキルが必要で、これらのスキルを兼ね備えた人生の仲間も得られるチャンスがあります。なぜなら、民泊市場は急激に成長しており、民泊オーナーの間で宿泊者を奪い合うような殺伐とした状態ではないからです。

ハーバード大学のウォールディンガー教授は、ＴＥＤ動画『人生を幸せにするのは何？最も長期に渡る幸福の研究から』の中で人間関係が幸福の鍵だと説いています。民泊業が、そしてこの本が、あなたの人生に少しでも素晴らしい人間関係と幸福、民泊投資への成功をもたらすことができれば、それは私にとって何にも代え難い喜びです。

第1章

副業で
民泊を開業して
人生を変えよう

第1章　副業で民泊を開業して人生を変えよう

1．日本の空き家は900万戸！　日本の住宅の10％以上は空き家

２０２４年４月末の総務省の発表によると、２０２３年現在、日本には９００万戸の空き家があります。この数は前回調査が行われた２０１８年に比べ51万戸増。総住宅数に占める空き家の割合は２０２３年は13・８％と、こちらも２０１８年に比べ0.2％上昇しています。

グラフを見ると一目瞭然。空き家の数・割合ともに一貫して右肩上がりです。

タイプ別にみると最も数が多いのは「賃貸用の空き家」で４４３万戸。これは借り手が見つからず、誰も住まないままになっている物件です。

そして今回、５年前と比較し大きく数を増やしたのが2位の「賃貸・売却用及び二次的住宅を除く空き家」で３８５万戸。

図２　空き家数及び空き家率の推移－全国（1978年～2023年）

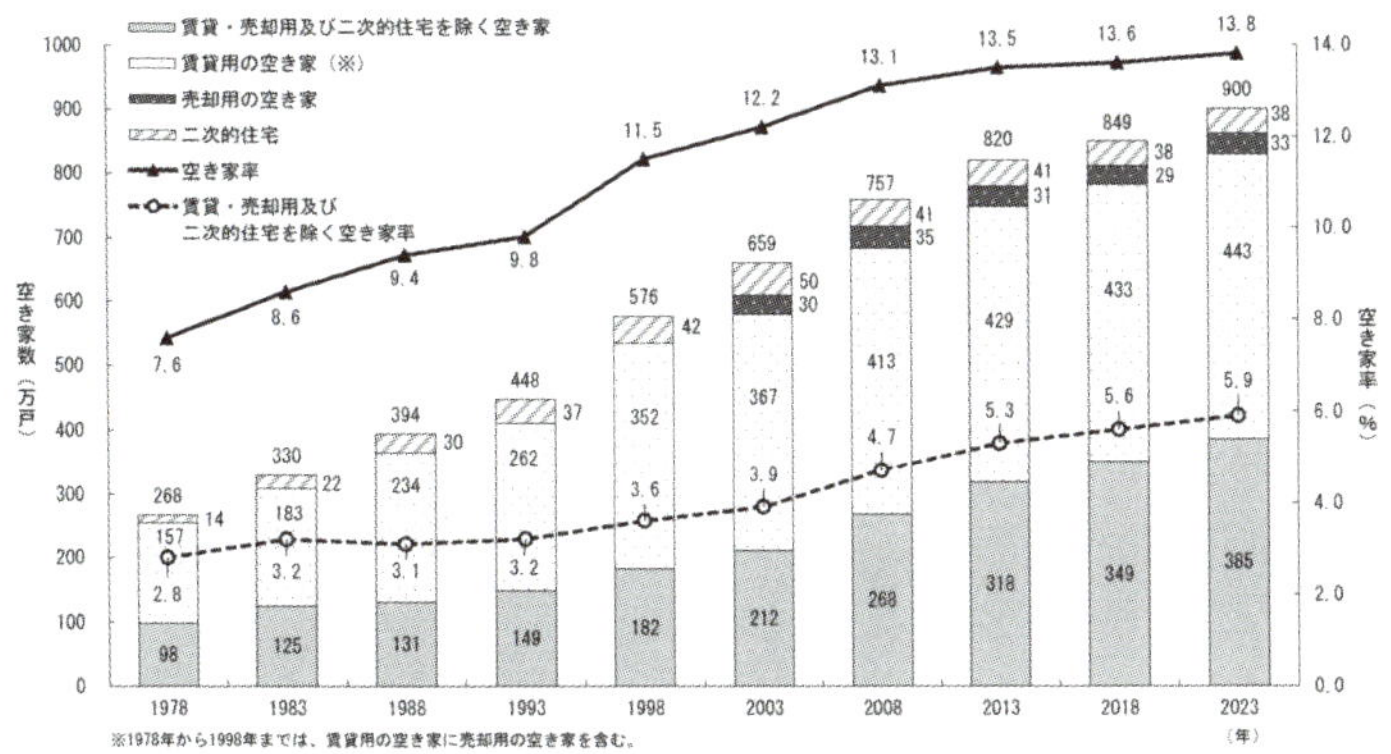

出典　国土交通省観光庁「旅行・観光産業の経済効果に関する調査研究」

こちらは、賃貸や売却といった不動産ビジネスの世界に出回っているわけでもなければ、かといって別荘として時々利用されているわけでもない、ただそこにある物件。例えば、亡くなった両親から相続したものの自分たちは住んでおらず、一旦そのままになっている実家、などがこれに当たります。

人口減少と高齢化が進む日本。「借り手のいない家」の増加と「元住宅の空き家化」は、まさにこうした社会問題に直結しており、今後も進んでいきそうな気配です。

しかし、悲観的になるのは時期尚早です。これらの物件は全て、民泊として活用できる可能性があります。

空き家の民泊への転換は政府の切り札

日本政府は、ここ10年ほど、増加の一途である空き家をどうにかしようと政策を打ち出してきました。

「空家等対策の推進に関する特別措置法」は２０１４年に公布。２０１６年からは「空き家対策総合支援事業」も開始し、毎年、数十億円という予算を準備しています（国土交通省「空き家政策の現状と課題及び検討の方向性」より）。

これが何かというと、ごく簡単にいえば、補助金や税金面で優遇措置を受けられる枠組みです。

例えば、空き家を個人で民泊として活用するなら、そのための準備費用の１／３を国・１／３を地元の自治体を持ちますよ、だからあなたの手出しは１／３で大丈夫ですよ、という仕組みです。

他にも、相続した空き家を売る際に発生する譲渡所得には税金の特別控除があったりします。

よく、壊すにもお金がかかるし、売ってもどうせ税金に持っていかれるから放置している、という話を聞きますが、実は国は、家をそのままにしておかないで、民泊として活用してくれるオーナーに積極的に渡しましょう、と税制面を整備することで促進しているのです。

さらに自治体によっては、国の政策にプラスして、空き家のリフォームに対して補助金を出しているところもあります（福岡県久留米市など）。各地域の支援制度については、専門（https://www.sumaimachi-center-rengoukai.or.jp/shienseido/）の検索サイトが便利です。

政策の効果がないから空き家は増え続けているのでは、という批判はもっともですが、本当はこれらの制度を理解しうまく活用すれば、自分の出費を抑えながら、民泊開業を目指せるのです。

2・日本の最後の希望は観光業　観光業は政府の推し

日本政府は現在、観光振興に力を入れています。

2007年の観光立国推進基本法を皮切りに、観光を「成長戦略の柱」であり「地方活性化の切り札」と据え、推しているのです。

今は２０２３年より始まった第４次計画を推進中。キーワードとしては「持続可能な観光」「消費額拡大」「地方誘客促進」が挙げられています。

公共政策にありがちな抽象的な計画かと思いきや、現代のライフスタイルに合わせた「新・湯治推進プラン」、船旅や島旅をはじめとする「海事観光」の情報発信強化など。事細かに注力する分野が書かれており、さまざまな手段で、なんとかして国内の観光業を盛り上げようとする姿勢が伺えます。

普段生活しているとあまりピンと来ないかもしれませんが、例えば、有給休暇の取得推進やワーケーションの普及も、その政策の一部です。

観光庁の最新のデータ（２０２４年３月時点）によると、コロナ禍以前の日本人の国内旅行消費額は、２０１２年の19・4兆円→２０１９年の21・9兆円と、確かに伸びているようです。

さらに１人１回あたりの旅行消費額という点でも、国内旅行全体は２０１２年３１６９５円→２０１９年３７３５５円、宿泊旅行は２０１２年４７４４４円→２０１９年５５０５４円、日帰り旅行は２０１２年１４９７２円→２０１９年１７３３４円、と、多少の増減はあるものの全体的には右肩上がりであることがわかります。

【グラフ】日本人国内旅行消費額の推移

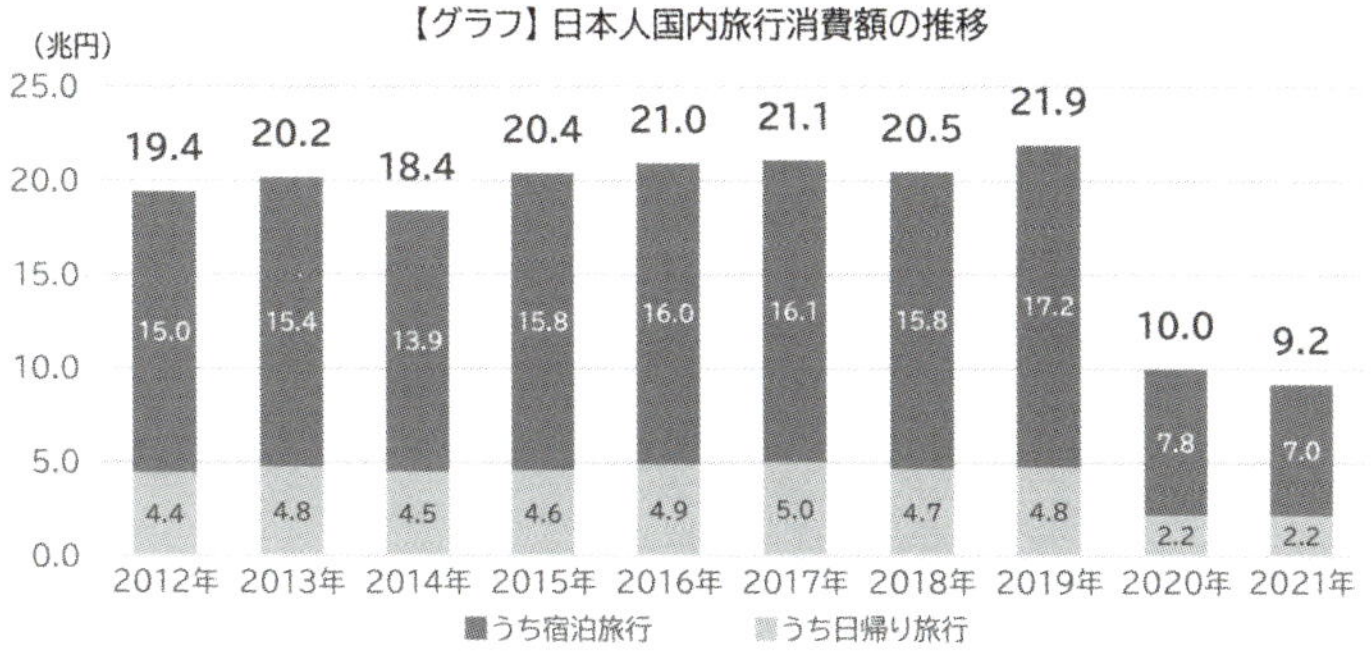

出典 国土交通省観光庁「旅行・観光産業の経済効果に関する調査研究」

【グラフ】日本人国内旅行の1人1回当たり旅行単価の推移

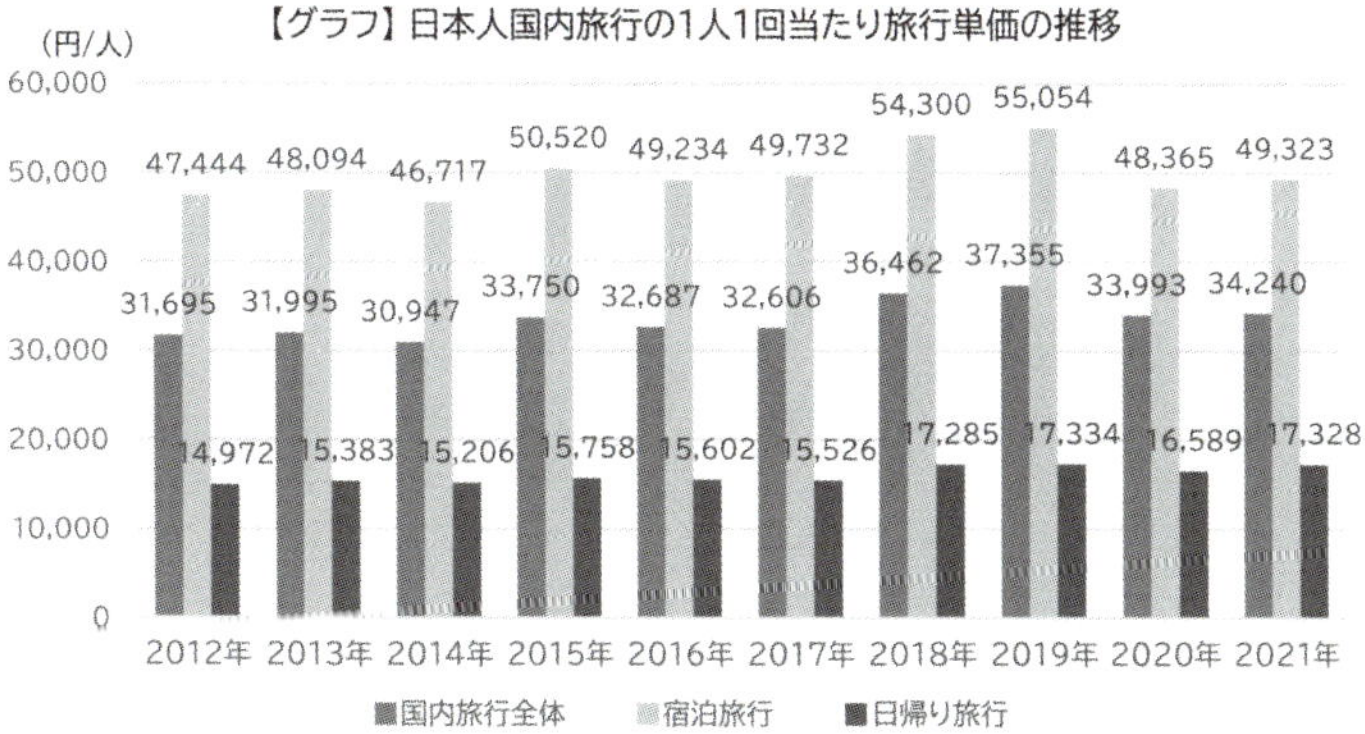

出典 同上

この堅調は伸びは、人口が減少に転じ、経済の伸び悩んでいる日本社会にあって、かなり重要です。観光分野は、数少ない成長中のマーケットといえるでしょう。

ちなみにここまで日本人旅行者の話をしてきましたが、日本国内の観光消費の93・6％、つまり大部分は日本人による国内消費となっています。

もっとも、これは2021年の数字ゆえ、コロナによる移動の制限の影響はあるでしょう。しかし、それ以前、2019年の数字をみても、訪日外国人による消費額は全体の17％ほどにすぎません。

最近はインバウンドが何かと注目されがちですが、昔も今も、日本の観光業のメインは、日本人による日本での消費です。まずはこの事実を肝に銘じましょう。でないと、約9割の拡大中の市場を無視すること

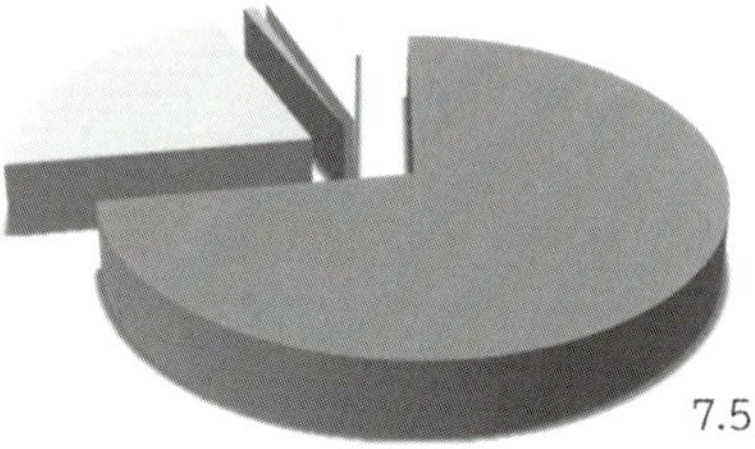

出典　国土交通省 観光庁「旅行・観光産業の経済効果に関する調査研究」

になってしまいます。

こうした観光の盛り上がりの背景には、政策の効果含め、他にもさまざまな要因が考えられます。

少し例を挙げると、例えば産業構造の変化です。

モノづくりに変わってコト消費が注目が集まるようになっています。

そんな中にあって、代替不可能な唯一無二のコト、地域ならではの文化や自然、史跡を楽しむような観光経験へと、消費の矛先がシフトしてきています。

法隆寺や熊野古道は、時代を超えてその地にあるからこそ価値がある。これらは、工場のように移転できるものでも、化石燃料のように一度の燃焼で消えてしまうものでもなく、特定の場所に多くの人を惹きつけ続けることができるという点で無尽蔵な資源です。

こうした強力な観光資源が全国に点在していることは日本の強みであり、長期的な観光分野の成長を支えるカギとなっています。

他の例としては、旅行の形態の変化も挙げられます。

社員旅行や町内会の慰安旅行といった団体旅行はだんだんと減っていき、一方で家族や友人あるいは一人単位の個人旅行が増えてきました。

こうした、大人数のグループから個人への動きは、カラオケ付きの大きな宴会場がある旅館よりむしろ、自分たちだけの時間を楽しめる空間へのニーズが高まってきていることを示唆しています。

Z世代を対象としたLDKプロジェクトの調査によると、仲のよい友人との旅行における宿泊先の希望は、

・「民泊」51.3%、
・「ホテル」46.8%
・「わからない・答えられない」1.8%

となっています。

民泊がホテルの宿泊希望を上回る、驚くべき結果です。

民泊を希望する理由はというと、

・「個性的な宿泊施設も多いから」74.1%、
・「大人数で宿泊できる施設も多いから」59.3%
・「価格が安いから」59.3%
・「現地の生活を体験できるから」55.6%

が主な回答となっています（複数回答）。

以上のことから、宿の個性を出すことで、Z世代の需要を取り込める可能性が高いといえます。その点、民泊には大きなポテンシャルがあります。

民泊であれば、オーシャンビューの一軒家、キッチン付きワンルームなど、旧来の宿泊施設とは異なる、カスタマイズされた空間を提供できるからです。

さまざまな観光政策の甲斐あって、その市場が拡大し続けている観光業。

個人の経験に価値が見出される今、プライベート空間とローカルな経験を提供できる民泊は、まさしく求められている宿泊形態といえます。

この国策の波に乗って、民泊ビジネスはもっともっと大きくなっていくはずです。

3．ビザ政策と民泊

日本政府は今、観光振興に力を入れています。現在進行中の観光立国推進基本計画（第4次）の柱の一つ、それが「インバウンド」すなわち訪日外国人の誘客です。

計画では、訪日外国人消費額5兆円超え（2019年は4.8兆円）を筆頭に、旅行者数・

一人あたりの消費額単価などをコロナ以前の2019年の数値を上回ることを目指す、さまざまな目標と戦略が掲げられています。

実際、2019年まで、訪日外国人旅行者数は右肩上がりで増えてきました。2003年521万人→2019年3188万人と、16年の間で約6倍に増加しています。そして2015年以降は一貫して、インバウンドがアウトバウンドの数を上回る構図になっています。

ちなみに、観光庁の最新（2024年3月29日付）の報告によると、2023年の訪日外国人旅行消費額は5兆3065億円。早くも第4次計画の数値目標を上回る結果となりました。

訪日客数は、2024年11月末時点累計で、

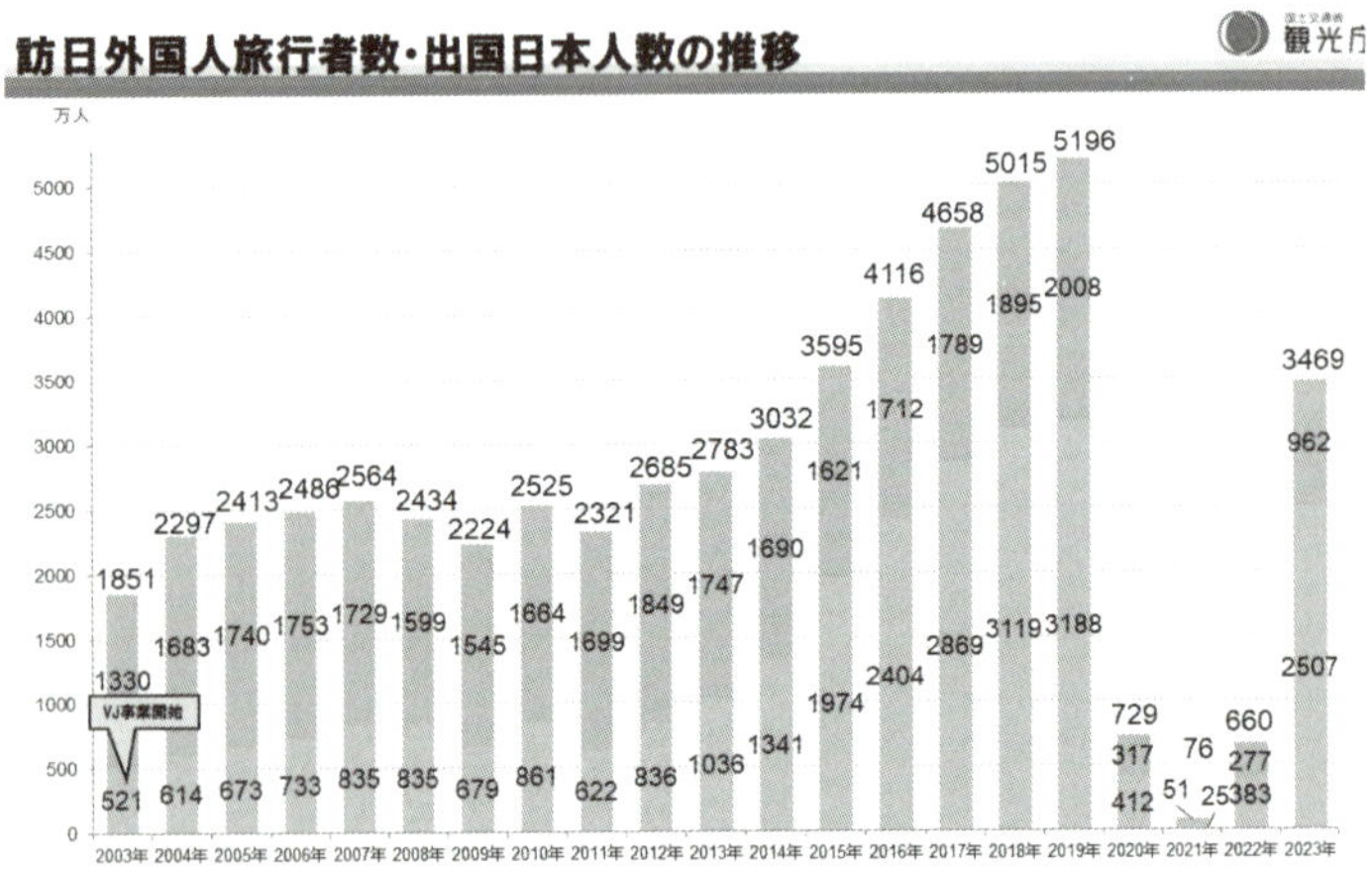

出典　観光庁「訪日外国人旅行者数・出国日本人数の推移」

２０１９年を超え過去最多で、今後もインバウンドは順調に伸びていくことが予想されます。

では訪日外国人の急増を可能にしたものとはなんでしょうか？

答えは「ビザ政策」です。

２０１３年以来、日本政府は積極的にビザ要件の緩和・免除を進めてきました。例えば、タイ・マレーシア・インドネシアからの短期旅行者はビザが免除に。他にもベトナム、フィリピン、カンボジアなどＡＳＥＡＮ諸国を中心に、短期のビザ取得のハードルがぐっと下がっています。

とりわけ中国からの旅行者は、２０１５年に個人観光用のビザが発給可能となったことで爆発的に伸びました。結果、コロナ前・２０１９年には、訪日外国人の約３人に１人が中国国籍に（国土交通省『観光白書』より）。ビザの影響力の大きさがうかがえます。

短期滞在向け以外にも、ビザはたくさんあります。

例えば「観光・保養を目的とするロングステイ」用のビザ。これは、いわゆる富裕層向けのビザで、預貯金額３０００万円以上がビザ取得の条件。お金持ちはいっぱい滞在して、いっぱいお金を使ってください！と、数年前までは90日だった滞在可能日数を、今は最長1年までに延長しています。

さらに法務省は、2024年4月1日から新たに「デジタルノマド」ビザ制度を始めました。これは欧米中心に約50の国・地域の国籍を持つ人を対象に、日本国内でのリモートワークを許可するもの。年収1000万円以上など細かな条件はありますが、通常の観光ビザよりも長い、最大6ヶ月の滞在が可能となりました。

このように、ハード面の最たるものともいえるビザの敷居を下げることで、日本政府は「ちょっと行ってみようかな」という人を後押しし、「だったらもっと滞在してみようかな」という人を増やしています。

さて、こうして増え続ける訪日外国人ですが、どうやら民泊を好む傾向にあるようです。

先日Xで私がおこなったアンケートでは、民泊のゲストのうち「80%が訪日外国人」という回答が1位となりました。中には100%が海外からのゲストという民泊も少なくないようです。

この割合は驚きです。というのも、日本国内の観光消費額の約9割は日本人の国内旅行によるものだからです。

この割合の逆転ともいえる現象は、訪日外国人が民泊を選ぶ確率が、日本人旅行者よりも圧倒的に高いことを意味しています。

つまり今後、インバウンドが増えれば増えるほど、民泊の需要は高まるはずです。「デジタルノマド」など新たなタイプの訪日外国人が増えることも、暮らしの拠点として、民泊の長期利用のニーズの追い風となると思われます。

4. 円安誘導とその影響

これまで、民泊が〝国策〟である理由として、日本政府が観光政策に力を入れていることと。そしてその柱のひとつが「インバウンド」であり、海外からの誘客のために積極的なビザ政策を進めていることを挙げてきました。

加えて、2011年、1ドル70円台を推移していたアメリカドル為替レートは、2024年現在1ドル150円あたりを前後しています。同じ1ドルに対して、日本円を2倍以上払わなければならない状況、すなわち「日本円」が「安い」という状況です。

これはドルに限った話ではなく、ユーロ、ポンド、人民元、バーツと、ほとんどの通貨

に対しても同じです。世界の主要通貨の中で唯一日本円だけが、どんどん安くなっていま
す。
その結果、外国で外国の為替で稼いでいる人にとって、日本への旅行が割安になってき
ています。
では円安はなぜ起こっているのでしょうか？ 今後も続くのでしょうか？

1. 短期的影響：金利

一つ目は物価を安定させるための金利政策です。

2024年3月、日本銀行は「マイナス金利」を解除し、金利を引き上げることを決めました。しかし海外では近年、より早く劇的に利上げが進んでいます。

例えば長期金利。先進国の様子をみてみると、コロナ禍を経て経済が回復してきた2022年以降、足並みを揃えるようにグッとその数字を上げています。

このグラフの日本だけが、直近1～2年、0～1％の間に留まっています。2～5％の間に位置する諸外国に出遅れている状況です。

すると、ドルやポンド、ユーロでお金を預けておけばより利益が出るから、日本円を

20年間の長期金利の推移（%）

出典　OECD （2024）, Long-term interest rates （indicator）.

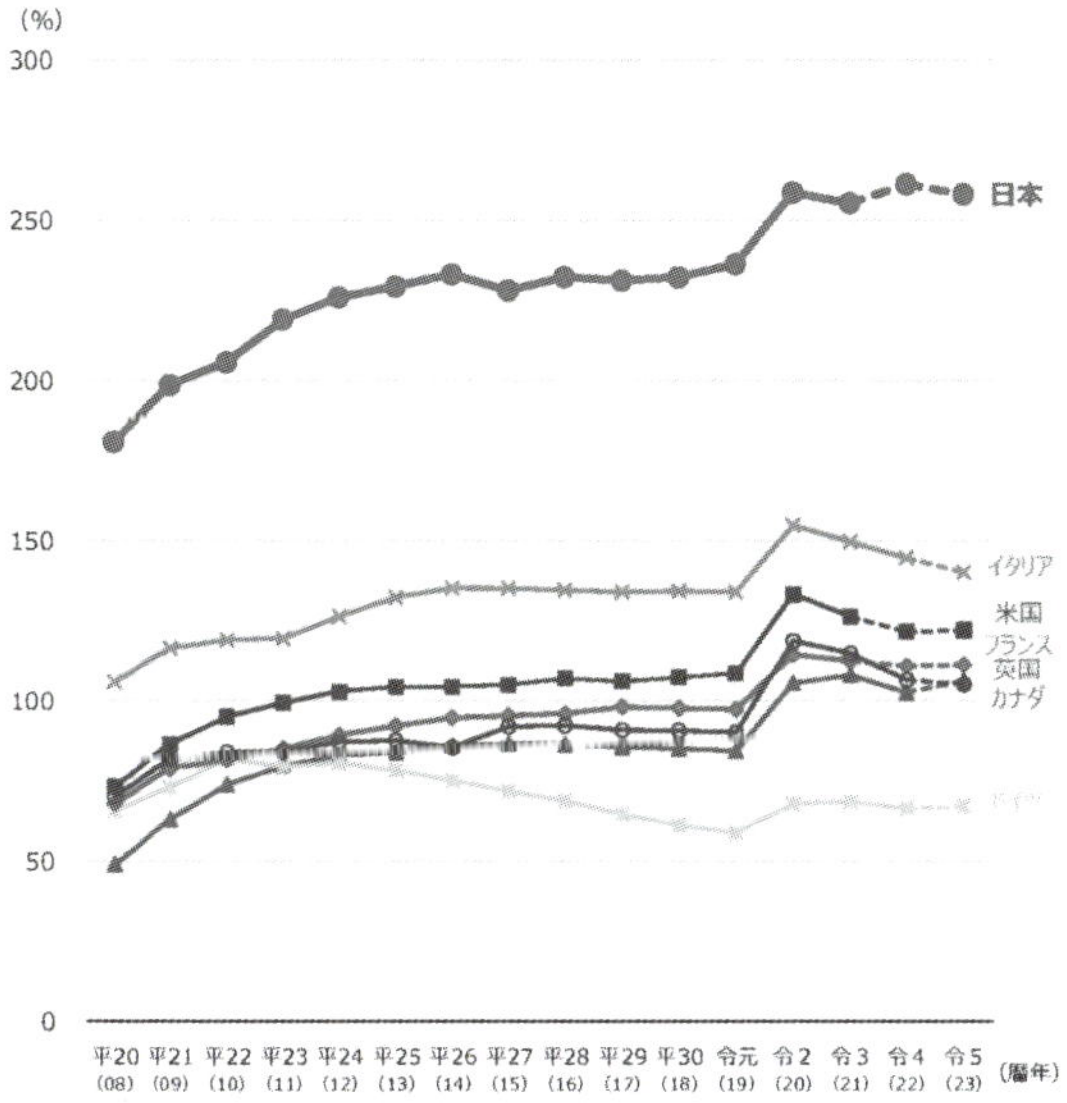

債務残高の国際比較（対GDP比）

出典　財務省「わが国税制・財政の現状全般に関する資料」

売って、儲かる通貨に預け替えようと考える人が増えます。その結果、日本円に価値が見出されなくなる＝円が安く見積もられる＝円安が進む、という流れが起きています。

上のグラフを眺めると、日本のラインが急激に他国のラインに追いつくことは考えにくいです。よって、日本でも金利が引き上げられたとはいえ、少なくともしばらくは、円安の傾向が続く可能性が高いといえそうです。

2. 長期的影響：国債

二つ目は国債。つまり国の債＝借金です。

これまた海外と比較すると、日本はトップクラスの借金大国であることがわかります。借金があまりに多いと、「日本政府って信用できるのだろうか」「日本の経済って危ないかも」と考える人が増えます。すると、今のうちに日本の国債や日本円を売ってしまうおう。そしてより安全そうな海外の金融商品にお金を回そう。なんなら買い物や旅行に使ってしまおうという機運が高まります。

その結果、日本円が安く見積もられ＝円安、さらには、日本円が市場に出回りすぎる＝インフレという動きが進みます。

インフレとは、お金の価値が下がること。同じ1個のおにぎりを買うために、昔は100円だったところ、今150円必要になることです。この時、おにぎり1個に対する日本円の価値は、2/3に下がっています。

より簡単にいえば、我々が日々の生活で直面している「値上げ」です。

生活は苦しくなるばかりで悪いことのように思えますが、実は日本政府はこのインフレをある程度望んでいます。逆接的ですが、それは借金を返済するためです。

100万円の借金がある場合、額面が同じでその価値が2/3になれば、言ってみれば、今67万円で返済するのと同じくらいの労力で完済できます。借金を負っている国としては、インフレになる方がラクなのです。

したがって借金超大国であり続ける以上、長期的な日本の金融政策もまた、大なり小なり円安+インフレに向かうようなものであり続けると予想されます。

5．政府による副業推奨政策

日本政府は現在、副業・兼業の促進に力を入れています。2017年の「働き方改革実行計画」において「副業・兼業を認める方向」を定め、以来、労働環境の整備を進めています。

例えば翌2018年には、全国の企業のルールの規範となる「モデル就業規則」の内容を改定。それまで副業・兼業は「原則禁止」だった趣旨を「原則認める」と、180度転換させました。

他にも、企業に対して副業・兼業対応状況の情報公開を推奨したり、雇用保険のルールを見直したりと、より多くの人が柔軟な働き方をできるような制度を、現在進行形で整えています。

制度は整ってきたところで、実際、人々が副業・兼業に求めるものとは何でしょうか？リクルートが2023年に発表した調査によると、副業・兼業で重視するトップ5（2022年）は、①給料・報酬、②自分の能力や経験を活用できる仕事内容、③職場の雰囲気や風土、④自分に適した雇用形態を選択できる、⑤新しい知識や経験を得られる仕事内容、となっています。

こうして希望を羅列すると、なかなか高望みのようにも思えます。

しかし！民泊であれば、全ての要件を満たすことが可能です。つまり…

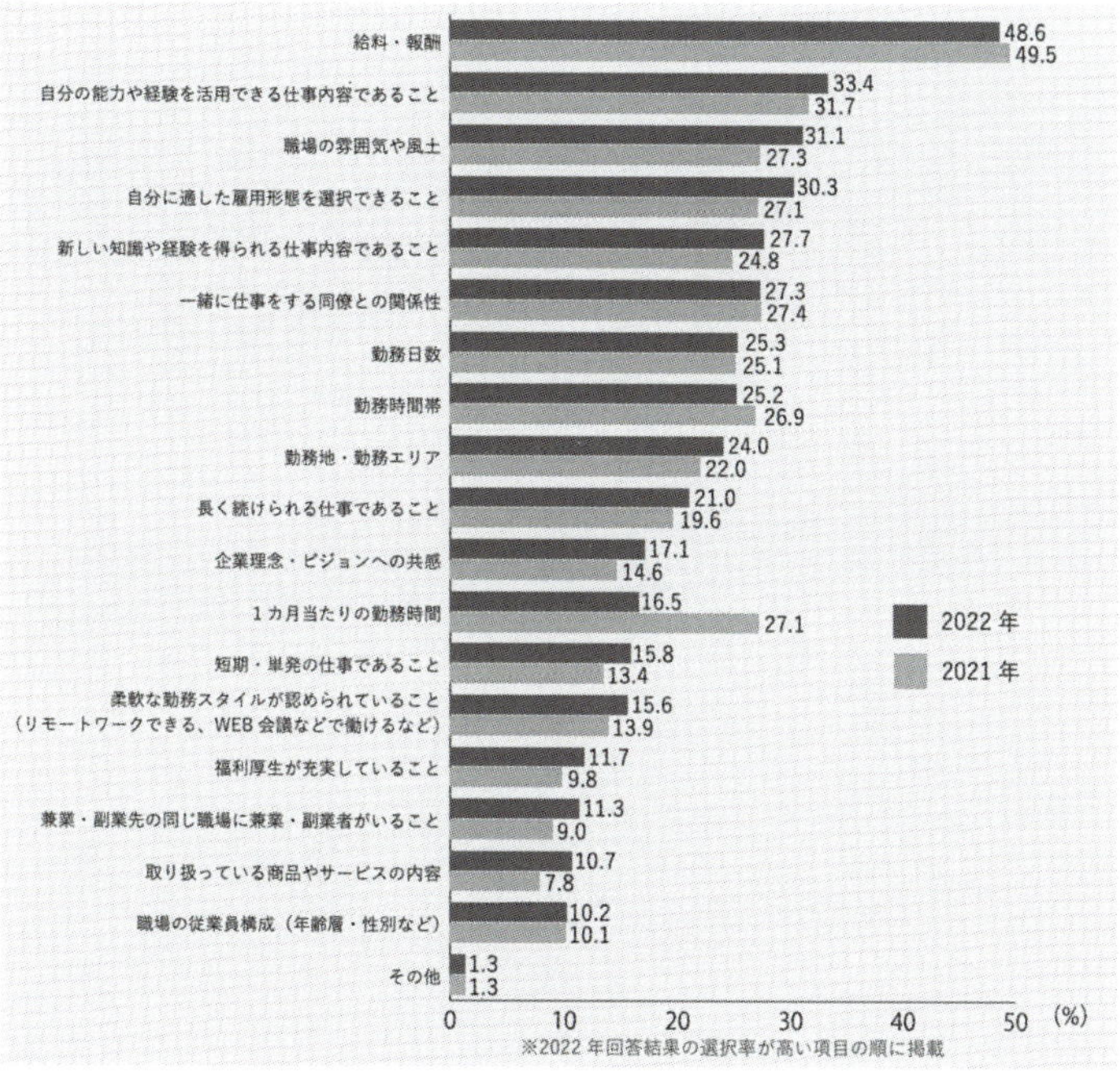
給料・報酬 48.6 49.5
自分の能力や経験を活用できる仕事内容であること 33.4 31.7
職場の雰囲気や風土 31.1 27.3
自分に適した雇用形態を選択できること 30.3 27.1
新しい知識や経験を得られる仕事内容であること 27.7 24.8
一緒に仕事をする同僚との関係性 27.3 27.4
勤務日数 25.3 25.1
勤務時間帯 25.2 26.9
勤務地・勤務エリア 24.0 22.0
長く続けられる仕事であること 21.0 19.6
企業理念・ビジョンへの共感 17.1 14.6
1カ月当たりの勤務時間 16.5 27.1
短期・単発の仕事であること 15.8 13.4
柔軟な勤務スタイルが認められていること
（リモートワークできる、WEB会議などで働けるなど） 15.6 13.9
福利厚生が充実していること 11.7 9.8
兼業・副業先の同じ職場に兼業・副業者がいること 11.3 9.0
取り扱っている商品やサービスの内容 10.7 7.8
職場の従業員構成（年齢層・性別など） 10.2 10.1
その他 1.3 1.3
0 10 20 30 40 50 (%)
2022年
2021年
※2022年回答結果の選択率が高い項目の順に掲載

出典 リクルート「兼業・副業に関する動向調査2022」

①給料・報酬

民泊は自分で宿泊費の値付けをするビジネスです。繁忙期は値上げするなど、市場にニーズに応じて利益を最大化することができます。

②自分の能力や経験の活用

自分の旅行経験などを元に、泊まりたくなる空間づくりを自らデザインすることができます。

③職場の雰囲気や風土

民泊はひとりで始めることができます。会社の風土や人間関係で悩む心配はありません。

④自分に適した雇用形態の選択

ひとりで取り組めるという自由度に加え、休業したい時にはゲストの受け入れを一時停止するなど、柔軟な働き方が可能です。

⑤新しい知識や経験を得られる仕事内容

国内外さまざまな地域からのゲストを受け入れることは、文化交流という点でも魅力です。実際にゲストとコミュニケーションをとる中で新たな知識を得たり、あるいは語学力を高めたりというチャンスもあります。

そうは言っても本当にできるの？　と思われるかもしれません。

しかし実際、先日私がおこなったXのアンケートでは、民泊オーナーのうち、半数以上が副業と回答しています。民泊は、副業として「あり」なのです。

6.民泊市場はずっと右肩上がりを続けている

では、実際に、国内の民泊市場はどのぐらい成長をしているのでしょうか。

私の開発した民泊運営アプリBeds24をご使用いただいている民泊オーナー様の売り上げデータを見る限り、２０２４年1月時点の国内主要都市（東京都・沖縄県・大阪と京都・福岡・北海道）の民泊物件の売り上げは、全ての都市において前年同月を上回っています。

AirDNAという民泊のデータのサイトを見ていても、民泊業界の伸びは凄まじいです。AirDNAによると、東京は、1年で55％もAirbnbのリスティング（民泊の掲載ページのこと）が増えました。一方、売上は＋10％です。これは、民泊が増えて、それぞれの民泊の売上が前年比で＋10％になることを示します。

しかし、この業界全体の好調は、いつまで続くのでしょうか。疑問を持ちましたので、私は以下のようなアンケートをとりました。

回答はばらけましたが、過去の好調だった産業や業界を参考にして、民泊ビジネスの好調な状態が続く期間を推定すると、次のような推論が可能です。

①ITバブル（1990年代後半～2000年代初頭）

②リーマンショック後の不動産バブル（2010年代初頭～中盤）

③スマートフォン市場（2007年～2017年）

これらの産業や業界の好調期間は、おおよそ10年程度です。次のように具体的に検証します。

①ITバブル

・期間：約10年（1995年～2005年）

・要因：インターネットの普及と技術革新

・結果：市場が飽和し、バブルが崩壊

②リーマンショック後の不動産バブル

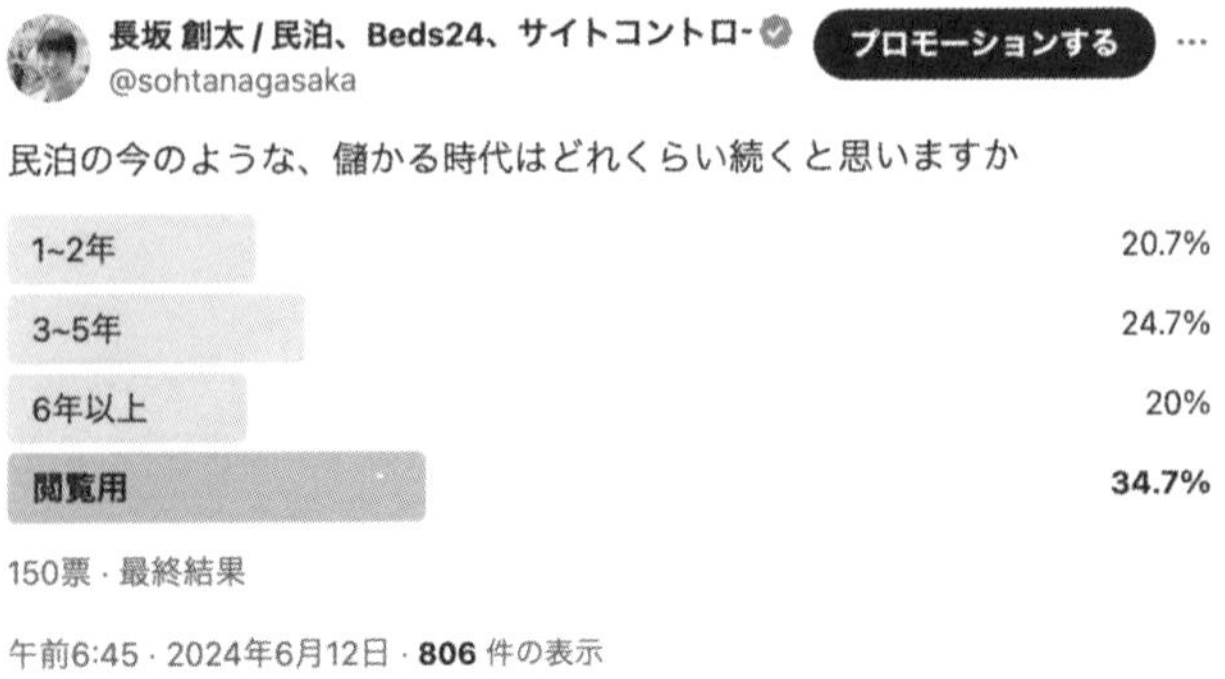

・期間：約7年（２０１０年〜２０１７年）
・要因：金利の低下と政府の刺激策
・結果：経済回復とともに市場が安定化

③スマートフォン市場
・期間：約10年（２００７年〜２０１７年）
・要因：技術革新と消費者のニーズの変化
・結果：市場の飽和と競争の激化

これらの例から考えると、新しい技術やビジネスモデルが市場に導入され、普及するまでの好調期間はおおよそ10年程度であることが多いです。

したがって、民泊ビジネスの好調な状態が続く期間を推定すると、民泊業界の好調は、コロナ禍直後の２０２３年に始まったとして、7年後の２０３０年までは継続すると、私は見ます。もしかしたら１０年後の２０３３年頃まで続くのかもしれません。

理由は次の通りです。

１：新規性と普及：民泊ビジネスは比較的新しい業態であり、普及期にある。

２：規制と政策：政府の規制や政策変更が短期的に影響を与える可能性があるが、全体としては安定的に成長が見込まれる。

3：技術革新：自動化や管理システムの進化が、効率を高め、コストを下げることで、競争力を維持できる可能性がある。

民泊ビジネスの儲かる状態は、おおよそ今後7～10年程度続くと推定できます。

民泊不動産投資は、凡ミスを防げば勝てるビジネス

民泊不動産投資は、防御こそ最大の攻撃です。つまり、凡ミスを防げば勝てます。もちろん、ビジネスなのでどんなに準備しても、倒産することはあります。しかし、民泊不動産投資は、確立されたノウハウが存在するビジネスです。「えいや！」と勢いだけで開業された民泊はすぐに倒産します。

しかし、ノウハウに忠実に開業された民泊は倒産しません。基本に忠実であれば、防御を軽視した競合は勝手に倒れます。そして、あなたの民泊は倒産を生き残り、結果、勝てます。

凡ミスを防ぐために、次の実施をお願いします。
①この本に書いてあることをまずは実践してください。

②民泊開業や経営で課題が出てきたら、お金を払ってでもスーパーホスト（優れた民泊オーナーに集客サイトのAirbnbから与えられる称号）にコンサルを依頼する。

これを守ることで、成功の可能性は飛躍的に上がります。

第2章

結婚できる物件を探そう

第2章　結婚できる物件を探そう

確実に利益を上げられる部屋とは？

民泊を好きでなくても、民泊オーナーになれます。

民泊の全業務は外注できます。良い立地で、低コストで事業を開始し、清掃・受付業務（電話とメールの返信）・その他の集客業務を外注できたら、もはや民泊オーナーはやることがないです。自動的に収入が入ってくる状態にまでなります。

民泊開業は、すでに確立されたノウハウが存在します。なので、事前にほぼ全ての開業計画が準備できるし、収支を見通すこともできます。

ただ、とても条件の良い物件は、なかなか見つかりません。とても良い条件の物件を見つけるには、一年ほどかかります。

つまり、すべては、いい物件を契約できるかどうかにかかっています。

民泊ビジネスで生き残れるかは、開業までに勝負はついています。もっと言えば、開業のための物件を借りたり、買ったりする時点で、勝負はついています。物件契約後、開業後に実施できる改善は小さいことです。

民泊の集客においては、立地が9割です。

立地以外は後で変更できるが、立地だけは開業後に変更できません。

立地は信じられないくらい重要で、好立地の物件を契約することに、精神力の9割を投入すべきです。

この章では、確実に利益を上げられる物件の選び方を紹介します。

まずは自分にあった形で、民泊物件を探すところから考えてみましょう。

物件を入手する方法は、**持ち家（部屋）・賃貸・購入です。**

では、この3タイプには、それぞれどのようなポイントがあるのでしょうか。

①持ち家（部屋）

誰も住んでいない実家、使っていないアパートの一室など、すでに物件をお持ちの方はラッキーです。すぐに民泊を始めることができます。なんといっても家賃という大きな原価をおさえられるので低リスク。試しにやってみて、一時的に受け入れを停止する、撤退するといったことも全然ＯＫ。民泊の届出に必要な条件をクリアしているかをチェックするところから動いていきましょう。

②賃貸

最も一般的な方法。余っている不動産なんてない、という人も賃貸で物件を見つけることで、この民泊業界に参入できます。

③購入

最初にまとまった資金が必要になるので、上級者向きかもしれません。しかし、不動産投資という観点からもアリです。

ポイントは、いかに市場価格より安い不動産を買うかということ。

賃貸の場合の賃料は物件の原価として出ていくものですが、購入の場合の購入費は、初期費用というよりむしろ投資です。

従って購入の場合は、回収という考え方ではなく、相場以下の物件を買い、その価値が上がり資産と変わっていくイメージになります。

物件を購入するならば、まずは民泊開業を狙うエリアの不動産の相場感をリサーチするところから始めましょう。

なお収益率、すなわち、物件の購入価格に対する1年間の収入がどれくらいかという「利回り」は民泊の場合、ざっくり20％ほど。

つまり簡単にいうと、1000万円の物件を購入し、年間200万円ほどの収入を得ることを目指す投資ということです。

これは、一般的な不動産投資の平均利回りが3～8％であることと比べると雲泥の差。物件そのものの不動産としての価値も上がっていくことも加味すると、民泊物件の購入＝民泊投資のチャンスは大きいといえます。

しかし、③の購入は、副業で始めるにはややリスクが高いと感じる方も多いでしょう。

そのため、この章では、主に②賃貸で民泊事業を始める方法を解説します。

賃貸民泊の初期費用は100万円

賃貸で民泊副業を始めるなら、まず、100万円を貯めてください。民泊の初期費用は一般的に、最低でも100万円ほどかかります。

そして、民泊開業するための初期投資は、必ず余剰資産で実施してください。100万円が既にあっても、それが子どもの学費、生活費、住宅ローン用の貯金であれば、絶対に民泊に投下してはなりません。

民泊副業は、安定した生活を過ごす方々向けの副業です。

生活がギリギリの方々が、一発逆転を狙うビジネスではありません。民泊は確実性が高いビジネスですが、失敗する可能性はあります。

失っても致命傷にならない１００万円が貯まったなら、初期費用に回してください。

初期費用の内訳は主に以下の４つです。

①家具家電

②物件

③行政への届出

④消防設備

この４つについて、初期費用を抑えるコツを紹介します。

①家具家電はフリマサイトで集める

メルカリやジモティーなどのフリマアプリを活用すれば、家具家電を無料や安価で揃えられます。特に冷蔵庫や洗濯機などの大型家電は、リサイクルにも費用が掛かるため、無料で貰えることが多くあります。

②改装が不要な物件を選ぶ

古い物件は安く借りられる一方で、リフォーム費用や修繕費用がかさんでしまいます。また、宿泊費を低く設定せざるを得ないため、利益も減ってしまいます。多少高くても、水回りがしっかりしている築浅物件を選ぶのが賢明です。

物件初期費用は、家賃の3～4倍がかかります。たとえば家賃8万円の物件なら、初期費用で40万円弱（礼金敷金、初月の家賃など）が必要です。

③民泊届出は自分で行う

民泊開業には役所からの許可が必要ですが、行政書士に頼むと、約30万円かかります。手続きは複雑ですが、自分で進められれば、数千円の手数料だけで済みます。

④消防設備

消防設備の設置には、一般的に20万円から30万円が必要です。この設備は、非常灯や火災報知器、避難誘導灯などであり、ここに関してはあまり節約できません。

まとめると、物件初期費用に40万円、消防設備に30万円、備品を30万円以内に抑えることで、合計100万円の初期費用で、一件の民泊開業を目指すことができます。

資金に余裕があるなら、部屋のインテリアをインテリアコーディネーターに依頼するのもおすすめです。

カップルや女子旅など、雰囲気を重視する顧客は、内装やインテリアを非常に重視します。100万円が貯まったら、いよいよ物件探しです。

民泊初心者が選ぶべき物件とは

民泊初心者が選ぶべき物件は、次の通りです。

①自宅から30分以内に行ける物件で、
②都会なら駅徒歩10分以内、地方なら徒歩5分以内に専用駐車場がある物件で、
③予算に収まる低コストの物件で、
④（もしあれば）古い一軒家や、店舗付き住宅などの癖のある不動産
です。

ちなみに、都会とは、東京、名古屋、大阪、福岡市の区の中、と定義します。上記以外は、地方と定義します。もちろん、厳密に分けられるわけではありません。例えば、広島駅から徒歩5分以内なら、都会と言えなくはないでしょう。

ただ、基本的にはこのような分け方で問題ないかと思います。

それでは、それぞれの理由を説明します。

まず、①自宅から30分以内に行ける物件。後の章で詳しく説明しますが、民泊の業務はほとんど外注が可能です。しかし、民泊運営のコツを掴むまでは、業者に丸投げはおすすめしません。まずは自分で運営してみないと、細かい管理ができず失敗しやすいです。

そのためにも、すぐに駆け付けられる距離の物件を選んでください。

また、民泊を運営する際に悩まされる問題の一つに「駆けつけ要件」があります。

駆けつけ要件とは、スタッフが常駐していない宿泊施設において、緊急時に一定時間内にスタッフが現場に駆けつけることができる体制を整備しなければならない規定のことです。

便利屋サービスに頼む、警備会社の駆け着けサービスに依頼する、清掃を外注している人に駆けつけの仕事も頼む、地場の不動産屋などが受注している住宅宿泊事業法の駆けつけ代行に頼む、などの方法もありますが、見つからない場合は自分が駆け付け要件を満たさないといけません。そのためにも、まずは自宅の近くで開業しましょう。

次に、②交通の便が良い物件です。地方の、7人などの大人数で泊まれるような物件ならば、駐車場も大型車が泊められる広さを用意してください。

次に、③予算です。賃貸かつ初期費用100万円なら、どんなに高い家賃でも、都会なら月15万円以内、地方なら5万円以内が理想です。ただ、東京は昨今家賃の上昇が激しいので、東京23区であれば家賃は想定売り上げの30％まで上げても構いません。23区以外なら、想定売り上げの20％が上限です。Airbnbの機能を使うことで、目当ての物件の周辺にある民泊の売上データを調べられます。そこから、想定売り上げを計算します。詳しくは後述します。

最後に、④癖のある不動産です。「住みたい不動産と泊まりたい不動産は違う」の項目で後述しますが、都会で民泊をするなら、店舗付き住宅、二世帯住宅、線路や幹線道路沿いの古い一軒家などがおすすめです。これらの物件は、長期間住む通常の賃貸では敬遠されますが、数日泊まるだけの民泊であれば悪条件にはならないことが多いです。故に、これらの物件は好立地で安く借りられたり、買える場合が多いです。

①～③（見つかれば＋④）の条件を満たした物件であれば、利益を上げられる可能性は

非常に高いです。

ここから先は、物件を選ぶ際のポイントをさらに詳しく書いていきます。

Column

物件って、街で選ばなくてもいいの？

良い物件はなかなか見つからないものです。そのため、特定の町にこだわらず、まずは物件から選ぶのが成功への近道です。

例えば、あなたが郊外に住んでいて、民泊を始めたいと考えているとします。家から徒歩30分のところに、風情ある古民家が並ぶ美しい商店街があるとします。このエリアで訪日客向けに民泊を開業したいと思うかもしれません。しかし、そのエリアの古民家は人気があり、民泊オーナーとして実績のある人に優先的に貸し出されることが多いため、あなたが望む物件を借りられる可能性は低いでしょう。

これは避けられない現実です。

自分の好きな町で民泊を開業したい気持ちは理解できますが、そのこだわりのせいで、物件を見つけられないまま十年も経ってしまう可能性があります。

そこで重要なのは、「町ではなく物件で選ぶ」という発想です。エリアにこだわらず、まずは内見できる物件を優先して探しましょう。借りられる物件を先に確保し、その後でどんなゲストに来てもらうかを考えるのです。この方法なら、通常半年から2年以内に民泊を開業することが可能になります。

住みたい不動産と泊まりたい不動産は違う！

日常生活で使う不動産と、旅行中に泊まりたい不動産では、求められる要件が異なります。住宅では長期的な快適さや日常生活の便利さが求められます。しかし、短期滞在の場合は、アクセスの良さや特定の利便性が重視されることがあります。

具体的には、次の通りです。

①線路や幹線道路沿いの不動産

住宅需要：通常、騒音の問題から避けられがちです。

民泊需要：観光地や主要駅に近い立地は、短期旅行者には魅力的です。彼らはアクセスの良さを重視するため、こうした立地が好まれることがあります。

②二世帯住宅

住宅需要：需要が限られるため、市場が狭いです。
民泊需要：複数のグループや大家族に適しており、一度に多くの宿泊客を受け入れることが可能です。一世帯ずつ、4人のグループ客を2組受け入れが実現でき、また8人の1グループを受け入れることも可能です。これにより、顧客の間口を広げ、収益性が高まります。

③店舗付き住宅

住宅需要：店舗つき住宅は、地方の駅前商店街に多く存在します。たとえば、一階でビジネス（蕎麦屋など）をして、二階に蕎麦屋の家族が住む不動産です。これは、一般人向けの住宅としては不人気です。また、地方都市では、駅前の商店街は寂れがちで、住むには不便かもしれません。
民泊需要：駅から近く、地元の雰囲気を味わいたい旅行者にとっては駅前商店街の店舗付き住宅は、魅力的です。また、店舗付き住宅は、二世帯住宅のように、大人数で宿泊したり、2グループを受け入れることも可能です。

以上のように、民泊として利用するための不動産選びには、住むための不動産とは異なる視点が必要です。適切な不動産を見極めることが、民泊ビジネス成功の鍵となります。民泊オーナーは、一般的な住宅市場とは異なるニーズに注目して不動産を選定することが重要です。

と言っても、今は民泊の開業ブームなので、東京では、線路沿いの不動産、二世帯住宅、店舗付き住宅は民泊オーナー同士で取り合いです。地方は狙い目です。

民泊運営には駅から徒歩10分以内の物件がオススメ

民泊を運営するには、駅から徒歩10分以内の物件がオススメです。

私が運営する民泊運営システム・Beds24のデータから導いた結果を元に、解説します。

駅から宿までの所要時間別に、月の売上平均を出しました。

次の2つの理由より、駅から徒歩10分以内の物件をオススメします。

①売上平均の高さ

徒歩10分以内の宿は、11分以上の宿に比べ約3万円高い売上が見込めます。

駅から徒歩10分以内の宿の売上…200815円／月

駅から徒歩11分以上の宿の売上…170029円／月

差額…30786円／月

②売上の安定性の高さ

徒歩10分以内の宿は、売上が安定する可能性が高いといえるでしょう。

下のグラフの通り、徒歩11分を超えると、売上平均にバラツキが出ています。

初心者が安定して運営するには、駅徒歩10分以内の物件を狙うのがいいでしょう。

なお、徒歩11分以上でも、売上が安定している宿は存在します。

そのような物件は、何が違うのでしょうか。

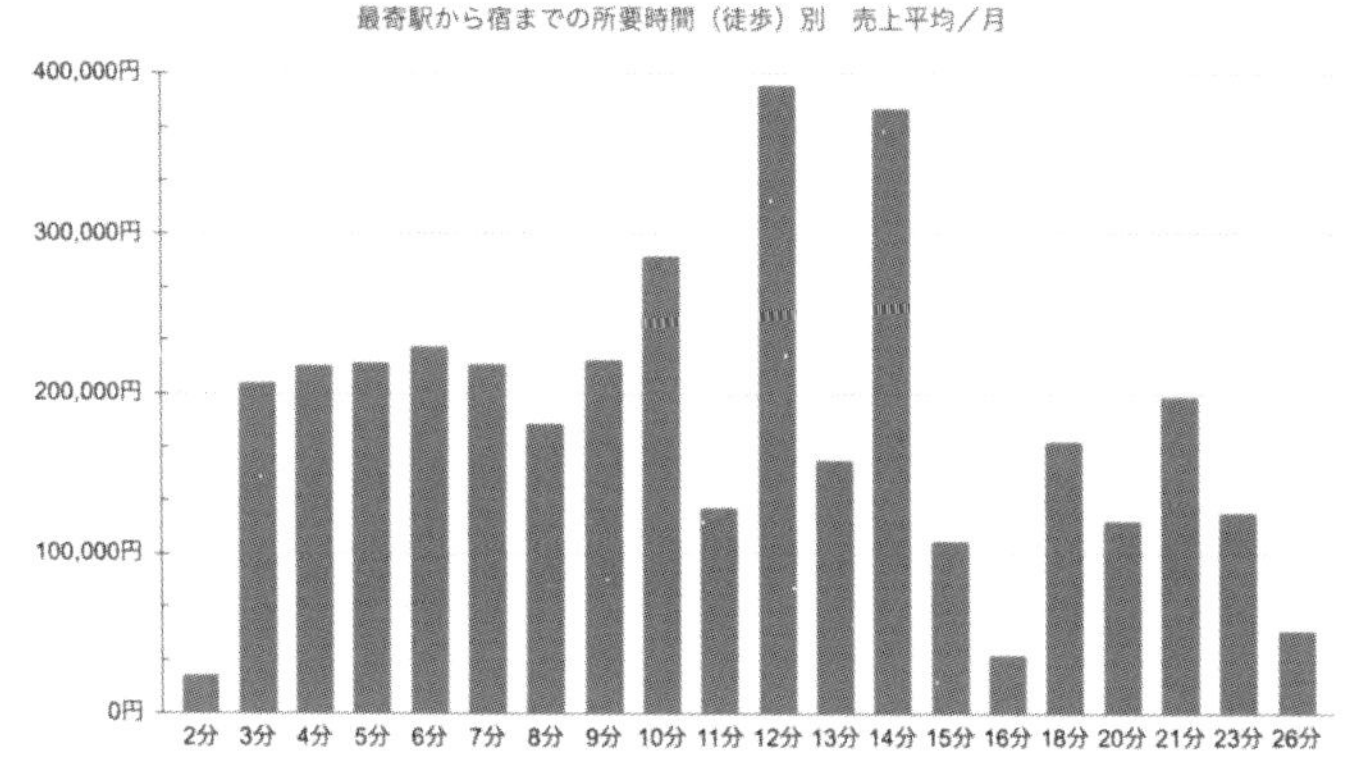

駅チカを凌駕する差別化

売上が安定しており、駅から徒歩11分以上の宿には、次の特徴があります。

・内装などデザインのこだわり
・ユニークな世界観
・掲載された写真のインパクトが強い

つまり、他の物件じゃダメ、その宿に泊まりたい！　と思わせるポジショニングです。ポジショニングは、マーケティングで有名なＳＴＰ戦略の分析の1つです。ＳＴＰ戦略とは、『お客様に選ばれる理由をつくるための考え方』を指します。マーケティングの神様、フィリップ・コトラーが考案した戦略理論です。

民泊物件に置き換えて詳しく解説します。

①セグメンテーション（分けること）

セグメンテーションは、「市場を分けること」を意味します。市場は、「旅行に行って宿泊したい人の集まり」に置き換えましょう。その集まりを、細かく分けていきます。

・子連れで楽しみたい人
・とにかく安く済ませたい人
・非日常を味わいたい人
・特別なアクティビティを楽しみたい人
・カップルで少しリッチな旅行がしたい人
民泊利用者とひと口に言っても、様々な期待を持つ人がいます。

②ターゲティング（狙うこと）

分けた市場の中で、「どこを狙うか」を意味します。狙いを定めるために、①のセグメンテーションが必要不可欠です。あなたの宿が、市場のどの期待に応えられるかを決めましょう。ここでは、仮に、子連れで楽しみたい人を狙うとします。

③ポジショニング（立ち位置をとること）

あなたの宿が、「狙う市場のどこに立ち位置をとるか」を意味します。
子連れの旅行者になりきって想像してみましょう。
「子連れも楽しめる」とはいっても、様々な選択肢があります。
・子どもと添い寝できるよう、ベッドが大きい

・子どもと快適に過ごせるグッズ（布団、子ども用便座、ベビーカーなど）がある
・子どもに人気のアクティビティと提携している

これを考えて、あなたの宿が一番に選ばれる立ち位置を決定しましょう。

ポジショニングで定めた、「○○で一番」という特徴が、ゲストがその宿に泊まる大きな理由になります。「○○といったら、ここの宿が一番いいよね」とゲストに思ってもらえれば、予約はより入りやすくなります。

逆に、特徴のない宿はゲストの選択肢に入らない可能性が非常に高いです。ポジショニングが確立していれば、駅チカ物件を凌駕する人気物件にすることも可能です。

集積効果で星野リゾートの取りこぼしをゲット

駅チカを凌駕する魅力には、ポジショニングの他にも「集積効果」があります。

集積効果とは、「特定エリアに集中して同業者が集まることで得られる経済的なメリット」を意味します。

同業者が集まる場所には、同じ目的を持つユーザーが集まります。つまり、その立地は集客力が高く、売上が立ちやすいということです。たとえば、電化製品の街「秋葉原」

だったり、「ラーメン激戦区」「カレー激戦区」なども同様です。

ユーザーは、「ここに行けば、探していたものを買える」と考えてその街に行きます。目的の店が混んでいて入れなければ、他の店で楽しむ選択をするのです。

民泊の例だと、ディズニーランドの近くにある目的の宿が、満室で予約不可なので、近隣の宿に予約を入れる、などです。

宿の集積効果を得るための条件は、ゲストがその街に泊まりに来る大きな理由があることが重要です。

近隣に観光施設やレジャー施設がある、近隣で集客効果の高いイベント（アイドルのライブなど）があるなどです。

駅からのアクセスの良さ、物件の広さだけで判断してはいけません。そのエリアの強みを理解しましょう。

ちなみに、集積効果で言うと、オリジン弁当がセブンイレブンの近くに出店する小判鮫戦略を行っているという有名な噂があります。オリジン弁当は、セブンイレブンと差別化した弁当や惣菜を用意し、セブンイレブンが取りこぼす市場を取り込んでいるのです。

これを民泊に転用するならば、地方の民泊オーナーは、星野リゾートが取りこぼしている市場を獲得しましょう。

星野リゾートが取りこぼしている市場を探すには、星野リゾートの施設を見るとヒントが有ります。

たとえば、茨城県土浦の星野リゾートには、4人以上で泊まれる部屋がありません。

つまり、土浦の星野リゾートは、4人以上の旅行市場を取りこぼしている可能性が高いです。

すると、土浦の星野リゾートの近くで、4人以上の収容人数の民泊を営業すると、こぼれた顧客を取り込める可能性があります。

しかし、これは同時に、顧客を奪われるリスクも念頭に置く必要があります。

地方なら戸建てや古民家がオススメ

地方在住の方なら、一戸建てや古民家がおすすめです。

勧める理由は4つあります。
①法人と競合しにくい

Q6. 住宅宿泊事業は個人で運営していますか、法人で運営していますか（2/2）。

	個人	法人	無回答	合計
物件全体	44.8%	55.1%	0.1%	100.0%
一戸建て	84.9%	14.6%	0.4%	100.0%
マンション	12.1%	87.9%	0.0%	100.0%
アパート	35.5%	64.5%	0.0%	100.0%
長屋	70.5%	29.5%	0.0%	100.0%
寄宿舎	5.4%	94.6%	0.0%	100.0%
古民家	87.1%	12.9%	0.0%	100.0%
その他	26.7%	73.3%	0.0%	100.0%

出典　観光庁観光産業課 民泊業務適正化指導室「住宅宿泊事業の実態調査」（2022年3月）

Q18. 住宅宿泊事業の年間の利益率はどれくらいですか（2/2）。

	0%未満	0%以上10%未満	10%以上20%未満	20%以上30%未満	30%以上	無回答	合計
合計	15.2%	34.2%	11.6%	9.1%	16.9%	13.1%	100.0%
一戸建て	23.4%	23.2%	11.0%	9.9%	26.3%	6.2%	100.0%
マンション	8.6%	40.8%	13.0%	4.6%	14.0%	19.0%	100.0%
アパート	16.6%	42.0%	7.7%	20.7%	7.1%	5.9%	100.0%
長屋	15.9%	65.9%	4.5%	6.8%	6.8%	0.0%	100.0%
寄宿舎	2.7%	81.1%	0.0%	0.0%	13.5%	2.7%	100.0%
古民家	17.8%	18.8%	21.8%	11.9%	20.8%	8.9%	100.0%
その他	10.5%	15.2%	14.3%	2.9%	8.6%	48.6%	100.0%

利益率平均	
物件全体	15.9%
一戸建て	18.6%
マンション	14.9%
アパート	13.1%
長屋	10.0%
寄宿舎	9.0%
古民家	18.8%
その他	15.6%

出典　観光庁観光産業課 民泊業務適正化指導室「住宅宿泊事業の実態調査」（2022年3月）

Q24. これまでに近隣等から苦情を受けたことがありますか（3/3）。

	苦情を受けたことがある	苦情を受けたことはない	無回答	合計
物件全体	14.4%	83.1%	2.5%	100.0%
一戸建て	9.4%	90.1%	0.4%	100.0%
マンション	20.2%	74.9%	4.9%	100.0%
アパート	10.7%	86.4%	3.0%	100.0%
長屋	13.6%	86.4%	0.0%	100.0%
寄宿舎	13.5%	86.5%	0.0%	100.0%
古民家	15.8%	84.2%	0.0%	100.0%
その他	12.4%	87.6%	0.0%	100.0%

出典 観光庁観光産業課 民泊業務適正化指導室「住宅宿泊事業の実態調査」（2022年3月）

Q25. これまでに近隣等から苦情を受けたことがある場合、苦情の内容を次の中から全て選択して下さい。

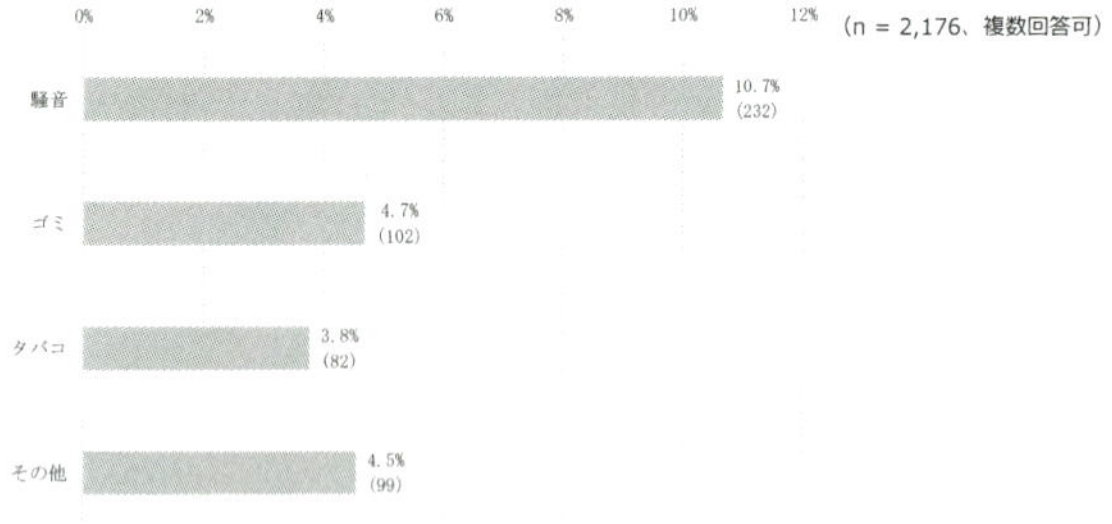

出典 観光庁観光産業課 民泊業務適正化指導室「住宅宿泊事業の実態調査」（2022年3月）

法人が運営する民泊の多くはマンションです。法人相手に価格競争になると分が悪いですが、一戸建てや古民家ならば、法人と価格競争になる可能性が低いと言えます。

②利益率が高い

一戸建て・古民家共に、利益率の平均は、マンションより約４％高いです。

③苦情が入りにくい

一戸建ては、マンションと比較して近隣から苦情が入ることが少ない傾向にあります。ただ、古民家の場合は少々苦情が入りやすくなります。

ちなみに、苦情の内容で多いのは、騒音とゴミの問題です。

④必要経費、固定費用が安い

一戸建てや古民家の固定費は、マンションの半分以下に収まります。

もし、魅力ある一戸建てや古民家を見つけたら、ぜひ検討してみましょう。

実家を利益の出る民泊に！

「民泊運営に場所（街）は関係ない」と書きましたが、たとえば、観光地やビジネスの中心地から遠く、宿泊の需要がなさそうな地域にある空き家の実家でも民泊にできるのでしょうか。

持ち家を民泊にする場合は、究極的には、維持する費用を宿泊客に訴求します。なぜなら実家で民泊を始めるなら、固定資産税しかかからないからです。

そして、その固定資産税と運営費用を売り上げが上回れば、その分だけ利益が出ることになります。

加えて、空き家を民泊にすると、宿泊料以外にも次のメリットがあります。

・定期的に手入れするので、家が長持ちする
・民泊運営することで、リフォームが経費扱いになる
・家具などの購入も経費扱いになる
・iPhone代、wifi代、ゲスト用のお土産、ガソリン代なども経費になる

たとえ誰も泊まらなくても、いろんな出費を経費扱いにすることで、家計を助けてくれることもあるのです。

加えて、空き家を民泊として運用することで、宿泊料以外にも経費として計上できる項目が増えるというメリットがあります。具体的には、iPhone代やWi-Fi代、ゲスト用のお土産、車のガソリン代なども、適切な条件を満たせば経費として扱える可能性があります。

たとえゲストが泊まらない日があっても、事業に関連する出費を経費として計上することで、家計の負担を軽減できる場合もあります。ただし、これらの経費計上には、税法に基づいた正確な管理と適用が求められますので、税理士に相談しながら適切な方法で運用することが大切です。

とはいえ、観光地でも何でもない地方に、どんな宿泊需要があるのでしょうか。

私の友人が愛知県の田舎にある実家で民泊を始めて、その客層を教えてくれたことがあります。

客層1：看護のための宿泊。家族（多くの場合、宿泊客の両親のどちらか）が病院に入院し、都会に住む息子や娘が、数日〜数ヶ月の宿泊が可能なホテルに近い宿として泊まる。

客層2：受験のための宿泊。息子や娘が遠方の大学を受験する際の拠点としての活用。試験の少し前から、試験会場近くの民泊に宿泊し、受験への準備をする。

客層3：地方の工場に、1ヶ月~3ヶ月未満で出張するための宿泊。トヨタのお膝元だけあり、愛知県の田舎には、工場が多くある。これらの工場に、愛知県外から数ヶ月出張にくる方々が宿泊したことがある。

客層4：外国人が日本へ入国した直後、賃貸物件を借りる前に滞在するための宿泊。たとえば、日本の企業から内定を得て、海外から来日する場合がある。その場合、入国前に物件を借りることは非現実的なので、民泊に宿泊する。

客層5：車で日本を旅行する宿泊客が泊まる。

客層6：地方で突発的なイベントが発生した場合の宿泊。地方都市や田舎は都市に比べると宿泊施設が少ないため、超有名アーティストのライブやフェスなど、人気のイベントが発生する時には、圧倒的に宿が不足する。そういう際、多少イベント会場から遠くても、民泊に宿泊する場合がある。

絶対に需要がないだろうと思うような地域でも、思わぬ宿泊需要があるものです。もし空いている実家があるなら、Airbnbでその周辺のリスティングのレビューを見てみましょう。

また、民泊データ分析サービス「AirDNA」で検索すれば、田舎でも年間数百万円の売上を叩き出している民泊が見つかります。

たとえば、酒蔵が多い地域に、酒蔵で試飲した後に泊まれる民泊があったり、有名な山の近くに、登山のために泊まれる民泊があったりします。

他にも、ドッグランがある民泊、最大30人が泊まれる民泊など、田舎ならではの広さを活かした民泊もあります。

諦める前に、まずは検索してみましょう。

民泊開業は結婚に似ている

ここまで、物件探しのコツをお伝えしました。では、条件に合う物件が見つかったらすぐ開業していいのでしょうか？　答えはノーです。

民泊を開業するのは結婚に近いです。一旦開業すると、数年、数十年、付き合うことになる。早く物件を決めたい焦る気持ちは理解できますが、私は目安として、1年以上、民泊開業のための物件を探すことをお勧めします。

では、1年かけて膨大な物件を見て、いつ決めたらいいのでしょうか？

購入したり借りる物件を決定するまでには、膨大な時間と労力がかかります。すべての物件に本腰を入れて調査していると、時間も労力も足りません。

そこで、今回は、オススメの法則を紹介します。その名も、「37%ルール」です。

「37%ルール」とは、数学の最適停止問題からきており、報酬を最大化し、コストを最小化するために特定の行動をする（もしくは、それ以上の選択肢を探し求めるのをやめ決断をする）最適なタイミングを決めるものです。

全ての**物件**に**本腰**を**入**れて**調査**するのは**NG**✕

この物件最高！
ここにソファー置こうかな？
お風呂は改装しよう！
いくらかかるかな？
後日、他の9件も見るけど…

時間と**労力**を**消費**し、**最適**な**選択**ができなくなります。

数学者によると、選択肢の最初の37％を見た、もしくは調べた直後が、その最適なタイミングなのだそうです。

つまり、最終決定をする最適なタイミングは、選択肢の最初の37％を見た時点になります。

当然、選択肢の37％がどれにあたるかを計算するために、最大値（上限）か期限を設定しなければなりません。

たとえば、車を買いにいった場合、10台の車を見てからどの車を買うか決めたいのであれば、最初の3～4台は買わずに見送る、ということです。

4台目を見た後から収穫逓減のタイミングになるので、その次の車が最初の4台よりも良いと思えば、その車をキープするという手法です。

つまり、民泊の物件探しにおいては、10件調査した

『37%ルール』で物件探し

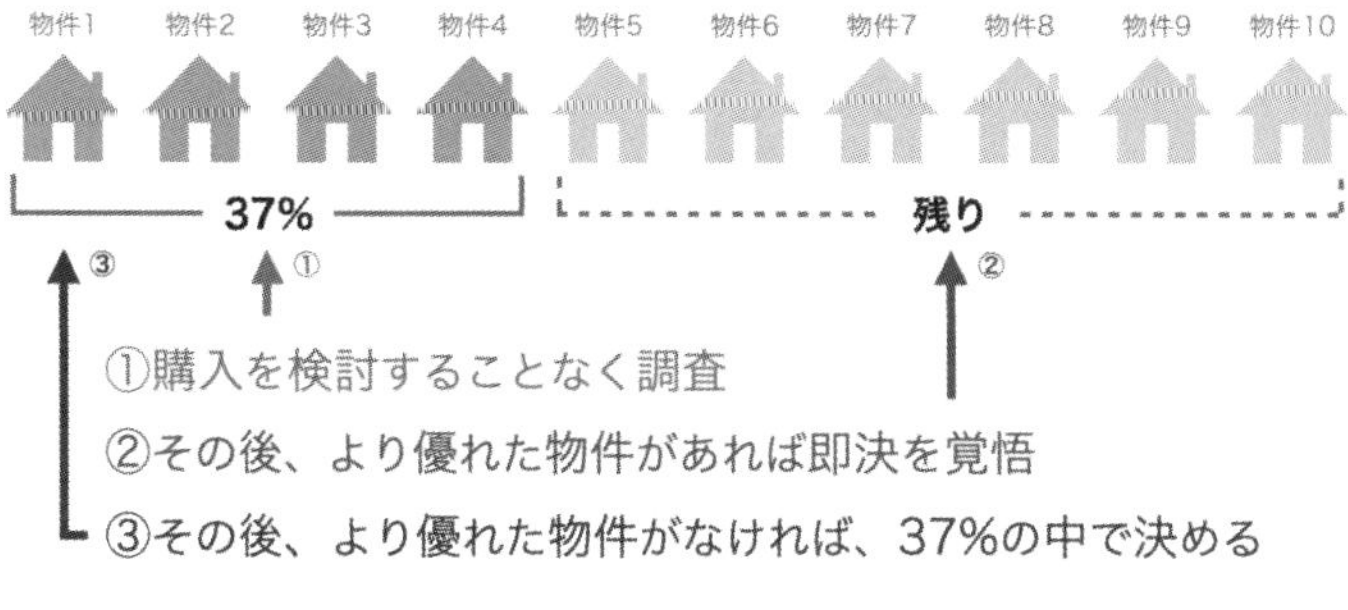

上で物件を決めたいならば、10に37％をかけます。

10×37％＝3.7（≒3または4）。

最初の3～4件は、本格的な購入は視野に入れず調査をします。

5件目以降、優れた物件があった場合、即決する覚悟を持ちましょう。

逆に、優れた物件がなかった場合、最初の3～4件から選びます。

また、1年間物件探しをする場合、135日（365×37％）間は、本格的な購入は視野に入れず、物件を見るだけに留めるということです。

「37％ルール」の限界

ただし、このルールが絶対かというと、そうではありません。

例えば、有名な民泊運営者からオススメされた物件があるとします。その時に、37％ルールだけを理由に、その物件を選択肢から外す必要はないのです。

このルールは感情や直感、瞬間的な相性、人からの推薦の影響力などを考慮していません。あくまでランダムな出会いから機械的に最適解を出すためのルールです。

すべての状況に当てはまるわけではないので、数学的な理論だけを理由に、あきらかに素晴らしい選択肢を捨てる必要はありません。

ただし、早急な決断をしてあとで後悔したり、あらゆる選択肢を考慮するのに時間をかけすぎたりする傾向にある人は、このルールは参考になると思います。

意思決定のプロセスの約3分の1は情報収集で、それから後は、次に出合った素晴らしい選択肢を選ぶのが最適です。

Column

東京では37％ルールは通用しない!? どうしても民泊開業のための物件が見つからない場合の「ノールック戦略」とは

東京では民泊バブルが続いており、特に23区内で物件を見つけるのは非常に難しくなっています。東京で民泊を始めたいと考えている方や、他の物件取得が困難な地域でも、希望に合った物件を確保するために効果的な方法の一つが「ノールック契約（内見なし契約）」です。しかし、この方法にはリスクも伴うため、事前の十分な準備が不可欠です。

ノールック契約とは？

ノールック契約とは、物件を内見せずに即決で契約する方法です。特に物件競争が激しいエリアでは、このような迅速な対応が求められる場合がありますが、リスクを避けるためにはいくつかの重要なポイントを押さえる必要があります。最大のポイントは、事前にしっかりと撤退ライン（撤退シナリオ）を設定し、万が一の事態に備えることです。

例えば、毎日「at home」などの不動産ポータルサイトで物件をチェックしている中、理想的な物件が新着情報として掲載されたとします。家賃や立地などの条件がすべて素晴らしい場合、特に人気の高い渋谷区や新宿区では、物件が掲載されたその日のうちに他の人が内見なしで契約してしまうことも珍しくありません。これが「ノールック契約」の現実です。

こうしたタイミングで、ノールック契約を成功させるためには、即断即決できる準備が必要です。

まず、市場の知識を蓄えることが不可欠です。毎日物件情報をチェックし続けることで、家賃相場や立地条件、民泊の許可が取れる地域についての市場の常識が自然と身についていきます。これを1ヶ月程度続ければ、どの物件が価値あるもので、即決するに値するかを判断できるようになります。

しかし、知識だけでは足りません。次に必要なのは資金と撤退ラインの設定です。ノールック契約を行うには、例えば100万円以上の資金をすぐに用意できる状態にしておく必要があります。また、その資金は「最悪、民泊開業ができなかった」としても損失として覚悟しておくことが重要です。

現実には、物件を契約した後、内見や行政確認の段階で「民泊許可が取れない物件」と判明することもあります。もしそうなった場合、契約に使った資金が無駄になる可能性があります。こうしたリスクを避けるために、最悪のシナリオに基づく撤退ラインをしっかりと設定することが、ノールック契約を成功させる鍵となります。

もし、ノールック契約に必要な資金やリスク管理の準備が整わない場合は、内見をしてから契約できる物件を根気よく探す方法が現実的です。この場合も、常に市場の動向を把握し、チャンスを逃さないために情報収集を欠かさないことが大切です。

ちなみに、私の友人はノールック契約をして200万円を無駄にしました。その経験を聞いてから、私はノールック契約を積極的に推奨することはありません。特に、資金に余裕がない方にはリスクが大きすぎるため、慎重に検討すべきです。ただし、十分な余剰資金があり、リスクを取る覚悟がある場合には、ノールック契約を選択肢の一つとして考えても良いかもしれません。

毎日の物件の探し方

心構えはわかったところで、物件の探し方をお伝えします。

まず、不動産サイトの新着情報を毎日確認しましょう。Ｓｕｕｍｏ、アットホームなど、不動産サイトの新着ページを毎日閲覧してください。

新着ページは保存しておくと便利です。

アットホームを例に解説します。

①まずは『新着お知らせ』に登録。

②メールで届いた［本登録用ＵＲＬ］をブラウザでひらく

③『本日公開の物件をみる』をタップ。

④ひらいたページをホーム画面に追加。

この作業を、エリアや条件ごとに繰り返してください。

そして、このページを毎日確認してください。そして、いい物件があれば、候補リストに追加してください。確認作業は地味です。しかし、毎日確認していれば、物件情報を見逃すことはありません。日々の確認作業を継続する人だけが、いい物件に出会うことができます。新着情報の登録方法は、図や動画を解説した記事もありますので、次のＱＲコードからご確認ください。

民泊可能な物件を紹介する不動産屋や情報サイトはやめておく

民泊開業初心者のあなたに、不動産屋が「民泊可能物件があるよ」と物件を紹介してきたら、その物件は地雷です。礼金がとても高かったり、オーナーが民泊の宿泊客に嫌がらせをしてくるような落とし穴が待っています。

民泊可能な物件を専門に扱う不動産業者もありますが、民泊可で、かつ収益がでる物件の情報を、一見さんには紹介しません。懇意にしている民泊オーナーに、まずは紹介するものです。それでも契約が決まらなかったら、あなたに情報が流れてくるとお考えください。

私も信頼できる民泊可の物件を紹介する不動産屋を知っていますが、彼らは無料では情報は出しません。有料のサロンのような場所で、いい物件をクローズドで紹介しています。ただより高いものはないのです。

有益な情報は、お金を払い手に入れるか、地道に探すしかありません。

第 3 章

物件契約までの流れとは

第3章　物件契約までの流れとは

日々物件を探して、候補物件がいくつか見つかったら、次にどの物件を借りるのか選ぶ段階です。

まず、候補物件について、次のページのチェックリストを作成してください。

このチェックリストを見比べると、どの物件がより優れているかがわかります。

よりよい条件が揃っている物件から順に、第一候補・第二候補……としていってください。

チェック項目	物件1	物件2
管理会社	●●不動産	▲▲不動産
住所	●区●町1-2-3	▲▲県▲市4-5-6
大家、マンションの管理組合が民泊を許可しているか	○	○
近隣住民が民泊に反対していないか	不明	不明
ホテルと競合しないか	△	○
近隣に競合の民泊がないか	△	○
有名な観光地が近くにあるか	○	○
用途地域	第一種住居地域	なし
旅館業の場合、用途変更は必要か	○	○
最寄り駅	●●駅徒歩５分	▲▲駅徒歩20分
建物の種類	アパート	一軒家
階数	５階	なし
エレベーター	あり	なし
家賃	60,000円	80,000円
間取り	1LDK	5LDK
延べ床面積	60平米	180平米
最大収容人数	3名	7名
駐車場の有無	なし	２台
近隣のコンビニ、スーパー	徒歩5分以内	車で５分以内
近隣の観光地	●●寺まで徒歩５分	名勝▲▲まで車で15分
メモ	近隣に民泊５件あり	近隣に宿泊施設なし

収支計画を立てよう

自分の初期費用１００万円が貯まり、候補物件を絞ったら、それを元に収支計画を立てましょう。もしもっと溜まっているならば、１００万円以上の金額でも構いません。

収支計画表は、毎月の売上高（宿泊費の利益）、変動費（電気水道費など、毎月変化する費用）、固定費（家賃など、変動しない費用）から作ります。

売上高から変動費と固定費を引いた金額が、毎月の営業利益になります。

実際に私が使っている収支計画表をご紹介します。

次のＱＲコードからダウンロードできるので、ぜひ使ってみてください。

これで黒字になる目途が立つならば、物件契約の準備へと進みましょう。

住宅宿泊事業法と旅館業を理解しよう

物件を手に入れて、いよいよ開業！　の前に、民泊開業のためには、次の3つの許可の中から1つ取得する必要があります。

①旅館業
②特区民泊
③住宅宿泊事業法（民泊新法）

旅館業は、ホテルや旅館など、いわゆる宿泊施設を運営するための許可です。特区民泊は国家戦略特別区域法のもとで運営される宿泊施設で、特別な形態の旅館業です。外国人観光客の誘致により地域活性化を促すための仕組みであり、都道府県知事の許可を得て運営できますが、国に指定された限られた地域でしか開業できません。

最後の住宅宿泊事業法が、2018年に新しく制定された、民泊運営に特化した法律です。

通常、民泊を開業する際は、旅館業か特区民泊を目指します。この二つは、年間の営業日数の上限がないため、365日営業できます。

住宅宿泊事業法は、年間の営業日数上限が180日に制限されてしまいます。

しかし、立地が良い場所の物件は制限が多く、旅館業法と特区民泊の許可が取得できないことが多いです。また、旅館業や特区民泊に比べると規制が緩く、許可取得も楽なので、副業で運営する場合は住宅宿泊事業法でもメリットがあります。

最初から決め打ちで許可を取得するよりは、候補物件を見つけてから、その物件で民泊を開業するために必要な許可を取る方がスムーズです。

ちなみに、東京の好立地6区（千代田・中央・港・新宿・渋谷・文京）では、旅館業や特区民泊で開業できることは稀で、住宅宿泊事業法で開業することが現実的です。名古屋、福岡でも、住宅宿泊事業法での開業が一般的な場所がありますが、大阪は特区民泊での開業が可能です。

東京の好立地の6区（千代田・中央・港・新宿・渋谷・文京）、名古屋と福岡の超一等地、大阪以外では、基本的に旅館業での開業がおすすめです。

ちなみに許可取得の難易度は、旅館業＞特区民泊＞住宅宿泊事業法です。

次に、許可取得の方法をお伝えします。

①保健所に相談

物件が決まったら、まず物件があるエリアを担当する保健所に相談に行きましょう。そこで、民泊を開業するための必要な条件や手続きを確認します。旅館業と住宅宿泊事業法で担当窓口が異なることもあるので、事前に確認しましょう。

②消防署に相談

保健所で相談した後は、消防署に行きます。民泊を始めるために必要な消防設備を確認するためです。消防署に行く前にはアポ取りが必須です。消防署に電話して、「民泊の開業を考えている。住所はXX区、山田町5―5―1です。そちらに行って、民泊開業について相談できますか?」と聞きましょう。

③建築課での確認

最後に役所の建築課を訪れます。地域によっては「建築指導課」など名称が異なる場合があります。

この手順を踏むことで、民泊の許可を取得し、開業を進めることができます。

ちなみに、行政書士などの専門家に外注も可能です。

自分で行う際は、言った言わないの問題が発生するリスクがありますので、必ず議事録を取りましょう。

住宅宿泊事業法と旅館業法の違い

ちなみに、住宅宿泊事業法と旅館業法では、以下のような違いがあります。

●営業日数

住宅宿泊事業法では年間180日と定められており、この点が最大のネックです。さらに自治体によっては週末しか営業を認めていないところもあります。大阪市や東京都大田区などで実施されている特区民泊制度であれば営業日数の上限はありませんが、2泊3日以上の予約しか受け入れができないなどの制限があります。

その点、旅館業法では宿泊日数に規制がないため、収益を最大化することが可能です。

●開業できる用途地域

旅館営業の許可を取れるのは、特定の用途地域に限られます。用途地域についてはこのあと詳しく解説します。

一方、住宅宿泊事業法では用途地域の制限がないため、民泊を開業できる地域が多くなります。長野県軽井沢町など一部の自治体では、条例で上乗せの制限がかかることがあるので、要確認です。

●建築基準法上の建物用途

建築基準法上、住宅宿泊事業法で利用する物件は、その用途が住宅（共同住宅なども含む）扱いとなります。宿泊に供する面積が200㎡以上あったとしても、多額の工事費用を伴う用途変更が不要なため、一棟マンションをまるまる民泊として利用するなども可能になります。

対して旅館業法で利用する物件は、建築基準法上の用途が「旅館又はホテル」になるため、200㎡を超える場合には法的な手続きが必要です。

また、それと同様に、施設に必要な設備の要件にも違いがあります。詳細は市町村の関係諸機関にご確認ください。

●必要な消防設備

住宅宿泊事業法で宿泊者の寝室に使用する面積が50平米以下の場合は、消防法上の用途が住宅となるため、住宅用の火災報知機を設置するだけで足ります。ただ、これは家主居住型の民泊に限られます。

それ以外の場合は、原則として住宅宿泊事業法・旅館業法とも共通の消防法規定が適用され、自動火災報知設備や避難誘導灯の設置などが必要です。

ちなみに旅館業法では、消防署の現地確認を経て交付される「消防法令適合通知書」を保健所に提示することが原則必要ですが、住宅宿泊事業法では消防署と協議を行ったことを証明すれば足りるとする自治体もあるため、消防法令に適合していない違法民泊も存在するのが実情です。

●許認可の取得方法

住宅宿泊事業法では、民泊ポータルサイトを利用してオンラインで必要書類をアップロードし、届出を行う形式になります。必要書類を集めたり、ポータルサイト（非常に使い勝手が悪い）を利用したりするのは少々大変ですが、旅館業法に比べて関係機関に行く手間を減らせる点では楽になります。

対して旅館業法では、まず保健所に事前相談に行き、持参した図面を見ながら許可取得への指導を受けます。その後、消防署に行って消防法令に適合するための工事手続きについて相談したり、建築課（自治体により名称は異なる）に行って建築基準法に適合するかどうかを確認したりする必要があります。

また東京都など一部の自治体では、旅館営業を行う建物の近隣住民に対して、説明会や戸別訪問などで事前周知を行わなければなりませんので注意が必要です。

説明会や消防査察等を終え、必要書類が揃ったら、再度保健所に行って書類を確認してもらい、問題がなければ申請料を支払って現地調査の日程を決めます。調査を受けて問題なければ許可証が交付され、営業が可能になります。

総じて旅館業法のほうが手間と時間がかかります。なお、これらの届出や許認可の作業は行政書士などに発注することも可能です。25〜50万円程度が相場になりますが、本業があって平日に関係機関に行けない方などは依頼するのが無難です。

●フロント（玄関帳場）の設置

住宅宿泊事業法ではフロントの設置は規定されていません。対して旅館業法ではフロントを設けることが原則ですが、多くの自治体ではゲストの出入りを確認できるカメラ等を活用することによって、フロントを設けなくてもよいとする規定があります。

旅館業法で許可を得る際は、フロントの免除規定があるかどうかを確認しておくことが重要です。カメラは不可で、あくまでもフロントを設置して、そこにスタッフが常駐することを求める自治体もありますが、その場合は人件費が採算を圧迫するため、客室数が極端に少ない民泊では非現実的です。

●客室面積の制限

旅館業法では一人あたり客室床面積を3.3㎡以上確保しなければならない（収容人数や営業形態により若干異なる）など、客室の面積と定員に関する規制があります。旅館・ホテルと簡易宿所では要件が異なるほか、自治体によっても判断が異なるため、保健所に確認が必要です。住宅宿泊事業法でも一人あたり3.3㎡以上の客室床面積が必要です。

住宅宿泊事業法のメリット

主な違いが分かったところで、ここからは住宅宿泊事業法で民泊を営業するメリットを解説していきます。

①住居専用地域でも開業できる

住宅宿泊事業法最大のメリットは、旅館営業が認められていない住居専用地域での営業が可能な点です。これにより開業可能なエリアが大きく増えるため、検討できる物件の幅も広がります。ただし、自治体によっては条例で住居専用地域での開業が規制されている場合もあります（東京都区内に多い）。

②住宅等から用途変更が不要

建築基準法上、住宅宿泊事業法の物件は住宅扱いのままとなります。そのため同一建物内における営業面積が２００㎡を超える場合でも、用途変更は不要になります。用途変更には多大な投資を伴う工事が発生するため、２００㎡超の面積で民泊を行いたい場合は住宅宿泊事業法で営業するのも良いでしょう。

東京や大阪などでは、一棟マンションを丸ごと（部屋ごとに）住宅宿泊事業法の許可を受けて民泊施設として運営している物件もあります。旅館業で一棟まるまる宿泊施設にしようとすると用途変更などが生じ設備投資が多大になるため、住宅宿泊事業法で許可を受ける大きなインセンティブが働くのです。

③旅館業法より手続きが若干楽

住宅宿泊事業法では民泊ポータルサイトを使ってWeb経由で届出を行います。必要書類は行政機関などに赴いて取得しなければならなかったり、消防との協議が対面で必要だったりするため、全てがWebで完結するわけではないものの、保健所など各所に対面で相談しなければならない旅館業法と比べると若干楽だといえます。

また、建築基準法に違反していない住宅であれば、基本的に建築課との協議は不要な点も大きなメリットです。

旅館業法のメリット

次に旅館業法で許可を受けるメリットを解説します。

①営業日数に制限がない

旅館業法で営業する最大のメリットは営業日数に制限がないことです。３６５日営業ができるため、売上を最大化できるのです。住宅宿泊事業法では最大でも１８０日までと営業日数が決まっているため、それを過ぎてしまった場合、残りの日数はマンスリーマンションとして利用するなどで利幅を削って営業しなければなりません。

民泊で可能な限り利益を大きくしたいと考えるのであれば、旅館業法で許可を得た方がほとんどのケースではプラスになります。

②補助金・助成金やＯＴＡ（予約サイト）掲載などで強み

補助金や助成金の対象になる宿泊施設は、旅館業法によるものに限られるとする場合も多くあります。住宅宿泊事業法物件では補助金等を受けられないケースがあることを考えると、旅館業許可を受けた施設にはアドバンテージがあると言えます。

また、じゃらんなど一部のＯＴＡでは旅館業物件のみが掲載でき、住宅宿泊事業法物件は掲載不可能としているところもあります。ＯＴＡの販売チャネルを増やしたい場合も、旅館業法のほうが大きなメリットを得られます。

まずは副業で、と考えているなら、規制の緩い住宅宿泊事業法での開業がおすすめです。

内見前に確認すべき8つのポイント

物件の優先順位をつけても、すぐに内見には行かず、まずは、次の８つの確認事項を確認してください。これをクリアしていないと、たとえ内見できても民泊が開業できない事態に陥ります。

確認事項１　用途地域と旅館業・住宅宿泊事業法

確認事項２　建物の広さ

確認事項３　旧耐震物件

確認事項４　収支

確認事項５　市街化調整区域

確認事項6　接道
確認事項7　建物の階数
確認事項8　オーナーの意向

確認事項1　用途地域

用途地域は、都市計画法によって定められた、いわば「エリア毎のまちづくりのルール」です。エリアによっては、民泊を開業できません。

加えて、旅館業は縛りが厳しく、以下の用途地域等に該当する物件でのみ営業が可能です。

- 第一種住居地域
- 第二種住居地域
- 準住居地域
- 商業地域
- 近隣商業地域
- 準工業地域

・用途地域無指定の地域
・都市計画区域外
・特別用途地区の指定により営業が可能な地域（熱海市、伊東市、箱根町など）

一方、住宅宿泊事業法で営業する場合は、各自治体の条例によって規制が変わります。例えば東京23区内では「住居専用地域での営業を禁止する or 営業日を制限する」などの規制が多く存在します。

では、用途地域や特別用途地区などを調べるにはどのようにすれば良いのでしょうか。次に手段を解説します。

①役所に確認する

最も手っ取り早いのは、候補物件のある自治体に確認を取ることです。自治体によって連絡を取るべき部署は変わりますが、「○○市　用途地域」などで検索をすれば担当部署が分かると思います。担当者には住所または地番を伝えて物件を特定してもらい、用途地域や特別用途地区の指定、旅館業の開業が可能かどうかを教えてもらいましょう。

②用途地域マップなどで確認す

「用途地域マップ」や各自治体が公表する地図でも、用途地域を確認できます。自治体が用意するマップは各自治体によって少しずつ使い勝手が異なりますが、物件の住所を入力すれば簡単に確認できる場合も多くあります。

住宅宿泊事業法の届出を行う場合は、自治体によって開業可能な用途地域が異なるため、条例をよく確認することが大切です。

一方、旅館業の許可を取得できるのは「住居地域・商業系の地域・準工業地域・用途地域の指定がない地域」等に限られます。

売却物件であれば物件概要書に必ず記載がありますが、賃貸物件の場合はまず自身で行政などに確認して、民泊営業が可能かどうかを調べてから不動産会社に問い合わせるようにしましょう。

Column

東京23区で民泊を開業しやすい・しにくい区は？

既存の民泊が多い地域ほど、民泊を開業しやすいです。Airdnaを見るとわかります。

例えば、新宿区のAirbnbの部屋数（リスティング数）は、2024年10月現在で4300部屋です。

一方、目黒区は115リスティングしかありません。

目黒区は、洗練された街並みが揃い、新宿や渋谷などへのアクセスもいいのに、なぜ民泊が少ないのか。理由は、厳しい上乗せ規制のためです。目黒区は、区内全域で民泊が週末しか稼働できず、平日は民泊の運営ができません。故に、民泊オーナーの多くが民泊開業を断念します。

基本的に、民泊の開業が多い市区町村は、民泊を開業しやすい傾向があり、逆に民泊が少ない地域は玄人の民泊オーナー向けと言えます。

ちなみに、23区中で民泊運営に関する規制が緩い区は、「墨田区・豊島区・北区・葛飾区・江戸川区」の5つです。これらの区であれば営業しやすいといえるでしょう。民泊可能な物件も比較的出やすい傾向にあるほか、特に豊島区は宿泊需要が非常に高いエリアなので強い人気があります。

一方、宿泊需要が高いものの規制の厳しい区として「千代田区・中央区・台東区」などがあります。これらの区は旅館業法でもスタッフの施設内常駐を課されるため(後述)、無人型の宿泊施設を運営することは非常に難しいと言えます。

なお、羽田空港のある大田区には特区民泊制度があります。2泊3日以上の予約に限定されますが、180日規制が適用されませんので、旅館業法と合わせて取得を検討するのも良いでしょう。

確認項目2　建物の広さと使い道

もし、元々事務所や店舗として運営されていた物件を民泊施設にする場合、「用途変更」という手続きが必要です。

住宅宿泊事業法ならば、住宅から用途変更する必要がなく、そのまま運営が可能です。旅館業の場合、建物は「ホテル・旅館」の用途でないといけません。

用途変更には、数十万円～数百万円の費用がかかります。旅館業法では利用する面積が200平米以上の場合、確認申請という手続きが必要になり、多額の費用が発生するので注意してください。住宅宿泊事業法での民泊運営は、普通の住宅から用途変更を実施する必要がなく、「住宅」用途での運営が可能です。この点で、旅館業の民泊より有利です。旅館業法で民泊を開業する場合、建物は必ず「ホテル・旅館」の用途でなくてはいけません。

確認事項3　旧耐震物件

市区町村によっては、旧耐震の物件では旅館業や住宅宿泊事業法の用途では許可が出ない場合があります。訪日客に人気の京都の町家などは、そもそも旧耐震であることが多いです。

旧耐震の物件で開業し、収益が出たら耐震補強をするのも可能ですが、安全性の観点からお勧めしません。

確認事項4　収支計算

物件の広さから、民泊を運営した際の売上を計算しましょう。あなたが希望する利益が出ないなら、内見しないでください。

予想収支は、Airbnbの無料機能で簡単に計算できます。

Airbnbの無料機能で算出できるのは、次の2つの項目です。

・1泊あたりの平均収入
・月あたりの平均予約泊数

Airbnbの次のリンクで、指定したエリア・部屋タイプの予想収入を確認できます。

調べるには寝室数を入力する必要がありますが、まずは収容人数の計算です。

収容人数は、10平米につき一人で計算してください。部屋の作り次第では8平米に一人でも大丈夫ですが、少々窮屈に感じます。ただ、カップルの宿泊狙いであればは問題ないでしょう。

そして、収容人数が４人以下なら寝室数は1を、５～８人の場合は2を、９～11人の場合は、３を設定しましょう。

すると、類似した物件の過去12ヶ月分の売上データから、予想収入が算出されます。表示される予想収入額は、１泊あたりの平均予想収入×泊数です。

ホストサービス料を差し引いた金額ですが、税金や諸費用は加味しません。

より細かいデータが必要な場合は、有料の『AirDNA』のご利用をオススメします。ただ、このサイトは英語表示しかないので、よろしければ私の解説動画をご参照ください。次のＱＲコードから見られます。

Airbnbでホスティングのサイトで、売上は予測できました。

開業に必要な費用も次のスプレッドシートで計算できます。売上と費用を計算できれば、利益も自動で計算できますので、試してみてください。

ただ、予想収入額が費用を上回るだけでは安心はできません。開業している日全てに宿泊客が入ればいいですが、そう上手くは行きません。

計算で出てきた予想収入額を、7割にして計算してみてください。それでも売り上げが費用を上回る=利益が出るならば、開業しても大丈夫です。

ちなみに、定員が2~3名の民泊を運営する際に、都会と地方でそれぞれ収支計算の目安を考えるならば、次のようになります。

○都会：＋売上30万円（＝2万円×15泊）−家賃10万円−その他の費用10万円＝利益10万円

○地方：＋売上20万円（＝一泊13000円×15泊）−家賃5万円−その他の費用5万円＝利益10万円

Column

住宅宿泊事業法の物件は年間営業日数が180日まで

住宅宿泊事業法の物件では、年間営業日数が180日までと法律で決まっています。故に、収支計算する際は、年間稼働日数180日、月間稼働日数15日（＝180÷12ケ月）とします。

確認事項5　市街化調整区域

市街化調整区域とは、「市街化を抑制する区域」を指し、農地や山林などが開発されずに残っている地域です。田舎ならではの民泊を開業したい場合には、市街化調整区域ではないかどうかを必ず確認しましょう。

市街化調整区域では旅館業は不可です。住宅宿泊事業法でも開業が可能かどうかは事前に保健所や役所への確認が必要です。自治体によっては住宅宿泊事業法であれば開業可能とする場合もありますが、建設課との調整が必要となります。

確認事項6　接道

物件が道路と接している幅です。

これは、住宅宿泊事業法で開業するならば確認は不要です。ゆえに、接道の問題を抱える再建築不可の物件でも、住宅宿泊事業法ならば、運営が可能になる場合があります。

ただし、旅館業の場合、接道幅が基準以上必要です。東京都では条例により、土地が道路に接している幅が4メートル以上なければいけないなどの規制があります。

確認事項7　建物の階数

一軒家を借りる場合、3階建の戸建は避けるほうがよいです。3階建以上の宿泊施設は、竪穴区画という特殊な建築構造が必要となります。

竪穴区画とは、図のように階段と一部の廊下を併せた〝階段室〟と客室などのその他の部屋が分かれている状態のことです。

これは、火事が起きた時、煙が階段にまわらないようにするために、3階建て以上の建物で旅館業を営業する場合に必要と建築基準法で決められているものです。

この竪穴区画は通常の住宅には原則必要ないため、設けられていないケースが多いです。竪穴区画については、物件がある市区町村の建築課と協議をしてください。

しかし、自分で建物に竪穴区画があるかどうかを判断するのはとても難しいです。

そこで使える裏技が「建物が耐火建築物なのか調べる」ことです。

3階建て以上の耐火建築物は、竪穴区画がないとそもそも建築できません。つまり、建物が耐火建築物であれば、絶対に竪穴区画はあるということです。

ちなみに、建物が耐火建築物なのか簡単に調べる方法もあります。

「建物が防火地域にあるか」調べてください。

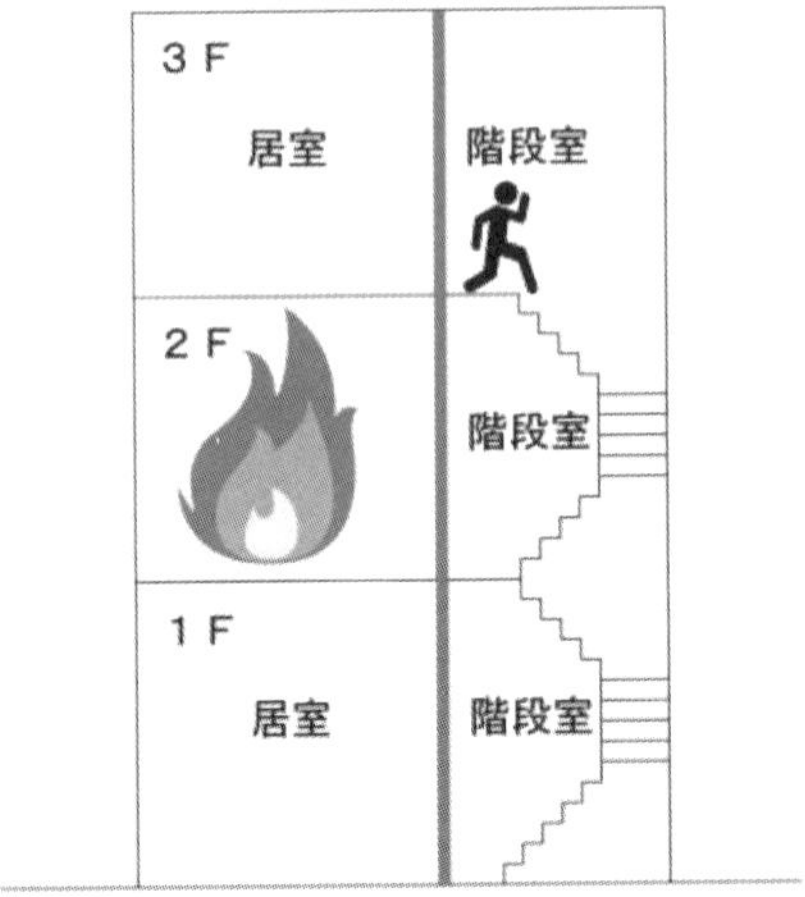

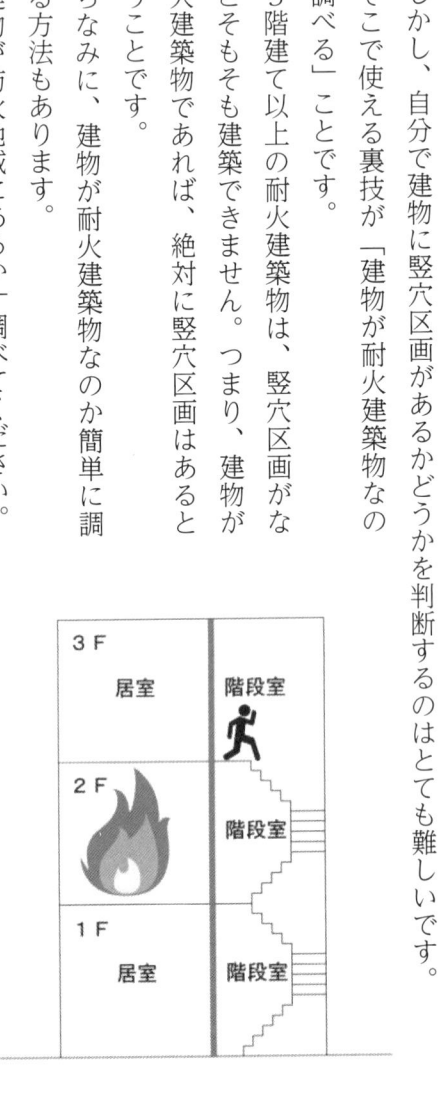

防火地域内にある3階建て以上の建物は、通常の住宅であっても耐火建築物しか建てることができません。ただ、違法建築で耐火建築物ではないのに防火地域に存在する3階建ての物件があります。

この世には、多くの違法建築の物件があります。違法建築も普通に不動産業界で売買されています。違法建築の物件では、民泊は開業できません。違法建築かどうかも、民泊の物件の契約前にチェックしましょう。

確認事項8　オーナーの意向

これが一番の難所です。候補物件のオーナーから、民泊開業の許可が出ているかです。

ちなみに、オーナーから民泊開業OKの意向がでる確率は、30物件に1件です。

また、分譲マンションなどの管理組合がある物件を狙う場合は、組合の規則に民泊禁止の条項が入っていないかチェックしましょう。

内見で見るべきポイントとは？

候補物件が絞れたら、いよいよ内見です。

内見で見るべきは、次の2つです。

・**雨漏り**：雨漏りしている物件は、修復に多額の費用がかかる上に、カビが生えやすく、家賃が安いからといって、雨漏りしながら開業しても、良いレビューをためにくいです。故に、民泊の開業には不向きで避けるのが無難です。

・**水回り**：水回りのリフォームが必要な物件は避けるのが無難です。水回りのリフォームは費用が多額になりやすいです。キッチンは、ボロボロでも磨けば使えそうであれば問題ないです。ただ、お風呂タイルは掃除が大変なので避けるのが無難です。民泊開業後の清掃のしやすさを考えると、お風呂タイルは不可で、ユニットバスは必須です。3点ユニットでも問題はないです。最後に、和式トイレの場合は宿として経営は難しく、洋式へのリフォームが必要な物件は避けましょう。

他にも、ゲストが泊まる部屋（居室）には窓が必要で一定以上の明るさが必要であったり、階段のサイズの制限、違法な増改築で民泊開業の可否が左右されることがあります。民泊開業初心者の場合は、建築士に相談し、適法性を確保しましょう。

内見で問題なければ、いよいよ契約です。

ちなみに、会社員の副業としての民泊の強みは、与信です。大家さんは仕事がない人に物件を貸したくありませんし、審査で落ちる可能性も高いです。

しかし、しっかり本業の収入があれば、審査は通りやすいですし、銀行から借り入れることも可能です。民泊を始めるなら、本業はぜひ辞めないでください。

大きな夢を抱くなら融資を受けよう

できれば民泊副業の利益だけで裕福に暮らしたい！

そのような方は、融資を受けることをおすすめします。たとえば日本政策金融公庫では、保証人がいなくとも、貯金と創業計画書を合わせて提出すれば、民泊準備に余りある融資を得られる可能性があります。

融資を受けたい場合、貯金100万円を使っていきなり民泊を開業するのではなく、まず合同会社の法人を作り、日本政策金融公庫に相談に行きましょう。

そして、100万円の貯金を見せて、創業計画書も提出し、個人保証なしで200万円を融資してもらいます。そして手に入れた300万円で、民泊を開業するのがおすすめです。

その場合は、いきなり300万円をひとつの物件に投入せず、100万円ずつ3つの民泊を作る戦略が良いです。3つの民泊を作れば、どれかは当たります。しかし、300万円の民泊を作って失敗したら、ダメージが大きすぎます。

副業の民泊事業からの利益が本業の給料を超えてきたら、本業を辞めることを検討しても大丈夫です。しかし、本業が嫌いじゃない限り、仕事は辞めないほうが良いです。

本業の安定した給料があるほど、金融機関はお金を貸してくれます。さらに、副業の民泊がうまくいかなくても、本業があれば再起しやすいです。

常に失敗しても、金銭的に大丈夫なように、計画して実行しましょう。普段は簡単に解決できる問題も、金銭的に追い詰められると、解決できなくなってしまいます。

ちなみに、民泊を開業するために融資を受ける場合、個人保証は絶対に行わないことが重要です。なぜなら、民泊の事業がうまくいかなかった場合、個人保証を提供した融資は個人的に返済する義務が生じるからです。

個人保証で借金をすると、「倒産したらどうしよう。借金を返せるのかな。最悪、自己破産するしかないのか」という不安を抱えながら民泊を運営することになります。

追い詰められた状態では、適切な経営判断ができませんし、民泊でゲストをおもてなしするような心の余裕もなくなります。

日本政策金融公庫を私がお勧めする理由は、しっかりとした事業計画書さえ提出すれば、個人であっても、無保証融資（個人に返済義務のない融資）を受けられるからです。

ちなみに、法人化は必ずしも必須ではありません。私のXのアンケートによると、法人化は必須ではなく、実際には約半数が個人事業主として活動しています。国庫からの融資も個人事業主であっても受けることが可能です。

ただ、法人化すると、設立後2年間は消費税の支払いが免除されるメリットがあります。また、個人事業主では無限責任を負うことになり、たとえば民泊を運営する中で賠償や訴訟が発生した場合、その全責任を自分が引き受けなくてはいけません。

しかし、法人化すれば有限責任となり、個人で負うべき責任は少なくなります。そのため、法人を設立した方が数々のリスクを抑えることができます。

撤退計画を起業前に立案しよう

物件を手に入れ、運営する許可も得たならば、最後に、撤退計画を作ってください。

人間は、使ったお金（サンクコスト）を惜しんで意思決定を誤ってしまう本能があります。たとえば、民泊の開業費用として100万円を使ったとします。そして、民泊が赤字を垂れ流し、黒字の見込みが立たないとします。「開業費用に100万円もかかったし、銀行からお金を借りて、もっと頑張ろう」と、考え始めたら、サンクコスト効果にハマっています。

黒字の見込みが立たないなら、すぐにお店は畳むべきです。

サンクコスト効果を避ける方法は複数存在しますが、私が一番効果的だと思うのは、適切な撤退計画の立案です。時間やお金に関し、赤字の限度を設定します。そして、事前に決めた赤字の限度に達したら、撤退計画に沿って撤退します。

この赤字の限度は、自分で設定して構いません。2年赤字なら撤退でもいいし、3カ月でも構いません。「赤字額が150万円に到達するまで」でもいいです。

ただ、撤退基準は絶対に決めてください。致命傷を負わない撤退基準を考え抜いてから、民泊を開業してください。開業計画と撤退計画は、セットです。

Column

SMARTであなたのゴールを設定しよう

民泊副業を始める前に、まず、あなた自身のゴールを明確にしましょう。

たとえば、アーリーリタイアを目指していて、収入を毎月100万円得たいのか。それとも、生活に少しの余裕を作りたくて、毎月10万円の収入が欲しいのか。

まずは具体的な目標を設定し、そこから民泊副業でどれくらいの収入が必要かを逆算しましょう。

民泊ビジネスは手段であり、目的ではありません。他人と部屋数や収入の大きさを比較しても意味はありません。重要なのは、あなたがどうなりたいのか、何を達成したいのかの目標を明確にすることです。

目標設定に役立つ考え方として「SMART」というフレームワークがあります。SMARTは以下の5つの要素から成り立っています。

・S（Specific）：具体的で明確な
・M（Measurable）：測定可能な
・A（Achievable）：達成可能な

・R（Relevant）：（あなたの目標に）関連する
・T（Time-bound）：期限が決まっている
たとえば、「毎月の収入を100万円にする」という目標を設定する場合、次のようにSMARTの要素を取り入れると良いでしょう。
・Specific（具体的で明確な）：10棟の民泊物件から月々10万円の利益を出す。
・Measurable（測定可能な）：毎月の収益を計算し、100万円を達成できているか確認する。
・Achievable（達成可能な）：現実的に考えて、適切な物件を選び、効果的な運営を行う。1年に1件以上、開業する。
・Relevant（関連する）：アーリーリタイアを目指すための収入源として適している。
・Time-bound（期限が決まっている）：10年間で10棟の目標を達成する。計画を立てる。1年に1件以上、開業する。
このように、具体的な目標を設定することで、開業計画が立てやすくなります。
また、定期的に目標を見直し、あなたの状況に応じて目標を調整することも重要です。

絶対知っておくべき指標、RevPARとは

民泊業界には多くの専門用語が有ります。全ての用語を把握するのは難しいですが、RevPARは最初に学ぶべき用語です。

RevPARと　は、Revenue Per Available Room、販売可能な部屋一室あたりの収益です。

その物件の収益の健全性を確認するための、唯一無二の最重要指標です。

RevPARの分析には、稼働率、客室単価、いつリノベーションすべきか、何に投資すべきか、何の費用を抑えて投資原資を

RevPAR算出事例

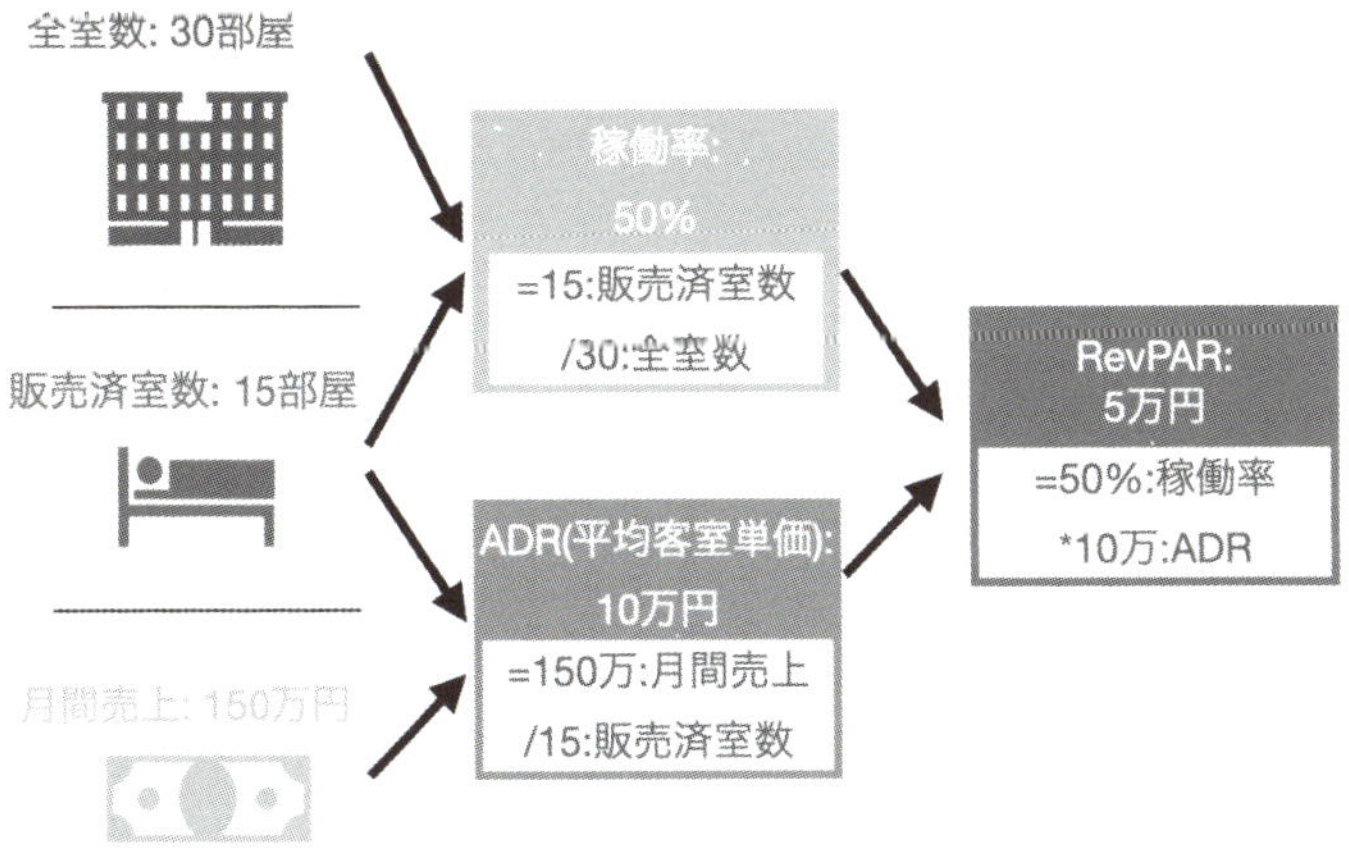

確保すべきか…などの要素が総合的に含まれます。

では、RevPARを見ると、何がわかるのでしょうか。それは、次の2点です。

・売上や利益からは見出せない課題の発見
・OCC、ADR（後述）を設定する際の判断指標

詳しく解説していきます。

『OCC（稼働率）』とは『貸し出している部屋のうち、何部屋売れたか』を表す割合（%）です。

計算式で表すと、売れたf部屋数÷月全体の部屋数＝OCCになります。たとえば、1部屋を30日貸し出して5日予約が入ったら、5÷30＝16%となります。

『ADR（客室平均単価）』とは、『1室あたりいくらで売れたか』を表す値です。売れなかった部屋は計算に含めません。

計算式で表すと、月の売上÷売れた部屋数＝ADRです。

そして『RevPAR』とは、『販売可能な部屋1室あたりの収益』です。

計算式で表すと、OCC×＝RevPARです。

では、具体的に何がわかるのでしょうか。

下の画像を見てください。

これを見ると、多くの人はコストの削減を課題とするでしょう。

もちろん正しいのですが、実は課題を見落としているのです。

RevPARを見ると、次の課題が見つかります。

左下の図は、2019年と2020年のRevPAR、OCC、ADRの比較です。

宿泊施設の収益性を測る指標であるRevPAR（販売可能な部屋一室あたりの収益）は、2019年と2020年を比較すると改善しており、一見すると好結果です。しかし、その内訳を詳しく見ると、解決すべき課題が浮かび上がってきます。

2019年12月 利益 50万 = 売上 100万 - コスト 50万

2020年12月 利益 50万 = 売上 120万 - コスト 70万

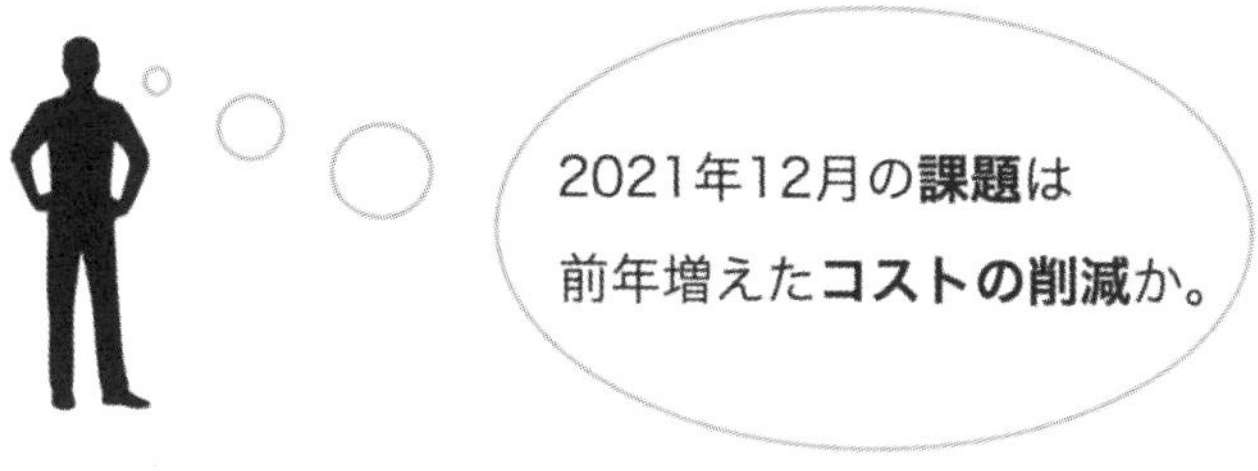
2021年12月の**課題**は
前年増えた**コストの削減**か。

まず、2019年12月の稼働率（OCC）は100%でしたが、2020年12月には50%にまで落ち込んでいます。一方で、客室単価（ADR）は1万円から2.4万円に上昇しており、結果としてRevPARは1.2倍になっています。しかし、この内訳を基にすると、次のような仮説が立てられます。

価格設定が強気すぎる可能性です。ADRを引き上げたことで収益が改善したものの、リピーター客が減少し、その結果として稼働率が低下した可能性があります。値上げにより、一部のゲスト層が宿泊を控えるようになったと考えられます。

この課題に対して、次のような解決策を検討できます。

2019年12月　RevPAR 1万 ＝ OCC 100% × ADR 1万

2020年12月　RevPAR 1.2万 ＝ OCC 50% × ADR 2.4万

稼働率の半減は大きな問題だ。
ADRも強気すぎるな。

①リピーター向け割引クーポンの導入

ADRを維持しつつ稼働率を改善するためには、リピーター客を増やすことが有効です。リピーター向けに割引クーポンを提供することで、再訪を促し、稼働率を改善できる可能性があります。例えば、2021年12月には、ADRを2.2万円に維持しながら稼働率を70％に回復させ、RevPARを15400円まで引き上げることが期待できます。

②長期滞在割引や早割の導入

もう一つの方法として、長期滞在や早期予約に対する割引を提供し、安定した稼働率を確保する施策が考えられます。これにより、ADRを大きく下げずに稼働率を改善できます。さらに、友人紹介キャンペーンを実施することで、新たなゲスト層を開拓しつつ、ADRを適正な範囲に保ちながら稼働率を高める戦略も有効です。

一方で、稼働率が100％でADRが1万円の場合、安売りしすぎて全ての部屋が売れてしまい、価格設定が適切ではない可能性も考えられます。この状況では、収益を最大化できていない恐れがあります。

この場合、適正な値付け目標の設定が重要です。例えば、未来の予約状況に基づき、次のように目標を設定して価格調整を行います。

直近1ヶ月以内：稼働率95％
2ヶ月目：稼働率80％
3ヶ月目：稼働率50％
6ヶ月目：稼働率30％
1年以内：稼働率10％

このように、予約の入り具合を目標にして価格を調整し、安売りに頼らない戦略を取ることで、持続可能な収益を確保できます。また、価格設定を担当するスタッフには、適正価格の維持と稼働率のバランスを取るための研修を実施し、稼働率だけに囚われない価格設定のスキルを習得させることも必要です。

稼働率が高いことは一見良いように思われますが、ADR（客室単価）を犠牲にして稼働率を上げるだけでは経営が持続しません。重要なのは、ADRを高く保ちつつ、稼働率もできる限り高く維持することです。このバランスを取ることで、長期的な収益性を確保することが可能です。

RevPARを継続的に改善するためには、稼働率と客室単価の両方をバランスよく管理し、適切な価格戦略を立てることが宿泊施設の成功の鍵となります。

通常、RevPAR改善のヒントは、ゲストがチェックアウト後に投稿してくれるクチコミから得られることが多いです。クチコミに、部屋がカビ臭かった、などと書かれていたら、オゾン脱臭機などを使ってカビ臭さを除去するなど、対策を立てることでRevPARは改善していきます。また、競合の宿のクチコミを見て自社の宿の改善策を検討することもRevPAR向上に役立ちます。

隠れた課題がわかったところで、2020年12月のRevPARを元に、2021年12月の対策を練ります。

このようにRevPARは、対策が適正か判断をする指標になります。RevPARを元に対策を練ることで、利益の最大化が期待できます。

ちなみに、RevPARは過去の年の同月と比較してください。

たとえば、同じ年の3月と4月のRevPARの比較は参考になりません。月によって、イベントや気候など、影響する要素が異なるためです。

宿業は、月毎に売上が大きく上下します。閑散期の2月と、桜と春休みと転勤の時期が重なる3月は、売上が3倍違うことも有ります。すると、RevPARも3倍違います。

RevPARは2019年の1月と、2020年の1月のRevPARを比較し、閑散期と繁忙期の要因以外でどのような要素が売上を上下させたのか分析するのに使う指標です。

RevPAR計算の練習問題

では、練習問題を解いてみましょう。

客室数：15室

稼働率：２０１９年は66％、２０２０年は65％で２０１９年比１％の減少。

ＡＤＲ（平均客室単価）：２０１９年は５０００円、２０２０年は５２００円で、２０１９年比＋２００円の増加。

２０１９年と２０２０年のRevPARはいくつでしょうか。

そして、２０１９年と２０２０年、どちらのRevPARが優れているでしょうか。

解答と解説

今回の練習問題に沿って、RevPARに数字を当てはめてみます。

１年間のRevPAR＝稼働率（販売済室数／３６５日×全室数）×平均客室単価（年間売上×販売済室数）です。

ＡＤＲ（平均客室単価）と稼働率は問題文に書かれているので、それらを掛け合わせると、RevPARを求められます。

２０１９年の稼働率は66％です。

この66％を分解すると、「66％＝Ｘ（販売済室数）／５４７５（15部屋×３６５日）」と推察できます。故に、販売済室数Ｘは、３６１３．5部屋となります。

２０２０年の稼働率は65％です。

この65％を分解すると、「65％＝Ｘ（販売済室数）／５４７５（15部屋×３６５日）」となります。

故に、販売済室数Ｘは、３５５８・７５部屋となります。

すると、RevPARは次のように求められます。

２０１９年のRevPAR＝３３００円（66％×５０００円）

２０２０年のRevPAR＝３３８０円（65％×５２００円）

２０２０年の方が稼働率が落ちていますが、単価が高くなった分RevPARが改善されています。すなわち、RevPARでは２０２０年の方が優れています。

RevPERを上げるには？

RevPARを向上させるには、ＡＤＲ（Average Daily Rate、平均客室単価）か、稼働率の向上が必要です。

ＡＤＲを上昇させるためには、販売数を増やすのではなく、単価をあげる必要があります。例えば食事やマッサージをセット売りして単価を上昇させる、リノベーションして部屋の価値を上げて値上げするなどの策が考えられます。安易に安売りせず、高い価格で販売する方法が必要です。

稼働率を上昇させるには、単価は気にせず安売りすれば上昇します。ただ、それだと儲かりません。単価が下がるとＡＤＲが下がり、RevPARも下がります。

故に、単価を下げて稼働率を上昇させる以外の方法としては、

・早割（早割購入した人にセット売りを提案して単価を上げる事を検討）
・直前割引（売れ残るよりましの場合だけ利用）
・人工知能によるダイナミックプライシング（経験や直感による値下げを防ぐ）での適正な価格の設定
・自社ＨＰの予約フォームのデザイン改良による、予約率の向上

などが考えられます。

人気の街は、AirDNAのRevPARで探せ

どんな街でも宿泊客は来ると言っても、街の人気不人気はあります。それを調べられるのが、民泊データ分析サービス・AirDNAです。

AirDNAを使うと、地域ごとのRevPAR（≒売上）データの推移を調べられます。

このRevPARの数値が過去より増えている地域は民泊需要が高まっており、逆に低くなっている地域は需要が減っていると言えます。

ちなみに、東京都全体では、２０２３年と２０２４年でPevPAR+27％となっていて、非常に成長しています。

この機能を利用して、どこの地域の民泊市場が成長しているか確認しましょう。

前年度比のRevPARが10％以上成長していなければ、不人気の街と言えます。

Column

RevPARが簡単に比較できる計算シートを作りました

重要とはいっても、RevPARは計算するのに手間がかかります。
そこで、楽に計算できるRevPAR計算シートを用意しました。
こちらのQRコードからダウンロードできるので、ぜひ使ってみてください。

RevPAR計算シートの使用方法
まずはBeds24カスタムレポートを設定し、セーブしてください。
大まかな流れは、以下の通りです。
①前年度1ヶ月分のレポートをCSVで保存
②今年度1ヶ月分のレポートをCSVで保存
③前年度、今年度のCSVを計算シートにアップロード
④『計算実行』ボタンをクリック

次の動画を確認しながら、操作してください。

https://youtu.be/77zrWlb-ESo

他の月を計算する場合は、一度追加したシートを削除してください。

RevPARの計算で困ったら、無料で使えるAIである、ChatGPTに聞いてみましょう。エクセルファイルを、ChatGPTが読めるCSVファイルにして、RevPARの計算を援助してもらうことが可能です。

また、弊社が民泊の知識を詰め込んで鍛えたChatGPT「民泊先生」に相談することも可能です。

次のQRコードからアクセスできます。

第4章

売れる部屋の作り方

第４章　売れる部屋の作り方

物件を手に入れたら、いよいよ開業！　……ではなく、まずは部屋作り、予約サイトへの登録などの下準備が必要です。

私が実際に使っている開業準備チェックリストをご紹介します。これを埋めていただければ、最低限の準備は完了です。

ちなみに、より丁寧なリストもありますので、ワンランク上の民泊を目指す方はぜひ使ってください。こちらのＱＲコードからダウンロード可能です。

分類	項目	アドバイス	チェック
集客	Airbnbアカウント開設	民泊運営にはマストの予約サイト	
集客	Booking.comアカウント開設	外国人に人気ですが、最近は日本人の利用も増えています	
集客	Expediaアカウント開設	余裕があれば開設したい	
集客	Agodaアカウント開設	東南アジアに強い予約サイト	
集客	楽天アカウント開設	日本人をターゲットにするならマスト	
集客	じゃらんアカウント開設	日本人をターゲットにするならマスト	
集客	一休アカウント開設	高単価の宿におすすめ	
集客	予約サイトに掲載する写真の撮影	写真は非常に重要です	
集客	料金設定	部屋をいくらで販売するか決めます	
経営	保険の加入	物件に合う保険に加入を	
経営	資金繰り表の作成	月々の資金繰り表を作っておきましょう	
備品	アメニティの準備	ドラッグストアやamazonでOK	
備品	寝具の購入	ニトリ、西川がおすすめ	
備品	家電の購入	単機能でシンプルなものを	
備品	食器の購入	ニトリ、無印、IKEAがおすすめ	
備品	消耗品の購入	ドラッグストアやamazonでOK	
オペレーション	メールのテンプレート作成	ゲストへ送る文面をあらかじめ作ると楽	
オペレーション	鍵の運用方法	宿泊者への鍵の受け渡し方法を考えます	
オペレーション	駆け付け要件	難しければ、警備会社などに依頼を	
オペレーション	清掃	外注するか、自分でやるか決めましょう	
オペレーション	ゴミ処理	事業ごみになるので、指定業者と契約を	
オペレーション	荷物預かり、夜間緊急対応	よくある要望です。どう対応するか決めておきましょう	

また、部屋に必要な備品は、次のリストを参考にしてください。

エントランス付近	リモートロック
エントランス付近	スリッパ
エントランス付近	スリッパラック
エントランス付近	防犯カメラ
エントランス付近	傘立て
エントランス付近	サイン
エントランス付近	タブレット端末スタンド
エントランス付近	照明
エントランス付近	コート掛け
エントランス付近	ハンガー
エントランス付近	ほうき&ちりとり
エントランス付近	姿見
キッチン・ダイニング	電子レンジ
キッチン・ダイニング	トースター
キッチン・ダイニング	炊飯器
キッチン・ダイニング	冷蔵庫
キッチン・ダイニング	電気ポット
キッチン・ダイニング	ダイニングテーブル
キッチン・ダイニング	ダイニングチェア
キッチン・ダイニング	ゴミ箱
キッチン・ダイニング	ゴミ箱分別ステッカー
キッチン・ダイニング	水切り
キッチン・ダイニング	照明
キッチン・ダイニング	エアコン
キッチン・ダイニング	スプーン大
キッチン・ダイニング	スプーン小
キッチン・ダイニング	フォーク
キッチン・ダイニング	箸
キッチン・ダイニング	グラス
キッチン・ダイニング	ワイングラス

浴室・脱衣所・トイレ	トイレットペーパーホルダー
浴室・脱衣所・トイレ	サニタリーボックス
浴室・脱衣所・トイレ	トイレブラシ
浴室・脱衣所・トイレ	ドライヤー
浴室・脱衣所・トイレ	ドラム式洗濯乾燥機
浴室・脱衣所・トイレ	お風呂椅子
浴室・脱衣所・トイレ	桶
浴室・脱衣所・トイレ	洗面コップ
浴室・脱衣所・トイレ	照明
浴室・脱衣所・トイレ	ゴミ箱
浴室・脱衣所・トイレ	脱衣かご
浴室・脱衣所・トイレ	バスタオル掛け
リビング	液晶テレビ
リビング	ソファ
リビング	照明
リビング	ゴミ箱
リビング	エアコン
リビング	サイドテーブル
リビング	掃除機
リビング	客室案内バインダー
寝室	掛け布団
寝室	枕
寝室	ベッドマットレス
寝室	ベッドパッド
寝室	ベッドフレーム
寝室	照明
寝室	ゴミ箱
寝室	エアコン
寝室	サイドテーブル
寝室	金庫

キッチン・ダイニング	ワイングラス
キッチン・ダイニング	カップ
キッチン・ダイニング	平皿
キッチン・ダイニング	深皿
キッチン・ダイニング	カトラリーケース
キッチン・ダイニング	ワインオープナー
キッチン・ダイニング	キッチンはさみ
キッチン・ダイニング	片手鍋
キッチン・ダイニング	フライパン
キッチン・ダイニング	菜箸
キッチン・ダイニング	まな板
キッチン・ダイニング	包丁
キッチン・ダイニング	まな板スタンド
キッチン・ダイニング	スポンジ置き
キッチン・ダイニング	食器棚シート
キッチン・ダイニング	洗面台下ラック

このリストを埋めたら、開業準備はほぼ完了です。ただ、それだけでは必要最低限であり、差別化にはなりません。この章では、より売れる部屋にするためのテクニックをお伝えします。

いい宿には何が置いてあるの?

Airbnbには、スーパーホストという称号があります。これは、Airbnbが定める条件を満たしたホストに与えられる称号です。

すなわち、スーパーホストが運営する宿に設置されているアメニティや設備を真似することで、簡単に宿の評価を上げることができます。

そこで、スーパーホストを日本各地から100件選択して調べた、そこで提供されているアメニティ・設備のランキングをご紹介します。

中には自分ではどうしようもない項目もありますが、追加できそうな設備は、積極的に取り入れていきましょう。

1	ヘアドライヤー	100%
2	必需品（タオル、シーツ、石鹸、トイレットペーパー）	100%
3	火災報知器	96%
4	ハンガー	95%
5	給湯	94%
6	食器&カトラリー	91%
7	電子レンジ	90%
8	キッチン	87%
9	消火器	87%
10	冷蔵庫	86%
11	シャンプー	85%
12	Wi-Fi	80%
13	シーツ類	80%
14	基本的な調理器具	79%
15	専用の玄関	79%
16	ボディソープ	69%
17	暖房	69%
18	敷地内無料駐車場	69%
19	ウォッシュレット (ビデ)	68%
20	長期滞在OK	64%
21	電気ポット	63%
22	バスタブ	62%
23	コンディショナー	61%
24	ダイニングテーブル	60%
25	トースター	58%
26	清掃用品	57%
27	冷凍庫	56%
28	セルフチェックイン	53%
29	炊飯器	53%
30	仕事専用スペース	52%
31	美しい景色	50%
32	予備の枕と毛布	48%
33	アイロン	45%
34	荷物預かりOK	43%
35	エアコン	42%
36	ワイングラス	41%
37	救急箱	41%
38	コーヒー	39%
39	キーボックス	38%
40	バーベキュー用具	36%
41	遮光カーテン	36%
42	バーベキューグリル	35%
43	一酸化炭素検知器	35%
44	本などの読み物	34%
45	ゲスト専用のパティオまたはバルコニー	32%
46	テレビ	32%
47	屋外家具	32%
48	コンロ	31%
49	衣類用乾燥ラック	31%
50	近場のコインランドリー	31%
51	屋外ダイニングエリア	30%
52	敷地内に防犯カメラあり	30%
53	綿のシーツ類	30%
54	ホストが出迎えます	29%
55	洗濯機	29%
56	無料の路上駐車	27%
57	子ども用食器	26%
58	シャワージェル	25%
59	ミニ冷蔵庫	25%
60	コーヒーメーカー	24%

防犯カメラはあったほうがいい

防犯カメラは、ぜひ設置しましょう。

昨今、都市部以外の地方や田舎でも、強盗や窃盗などの犯罪が増加傾向にあります。また、民泊物件は特殊詐欺のアジトにも悪用されてしまう危険性があります。犯罪抑制のためにも、防犯カメラは非常に有効です。

また、宿泊客のトラブルの抑制や、問題が発生した時に証拠として使用できます。

特に、キーボックスなどを利用して無人チェックインとしている場合、予約された人数以上に泊まっていないかなどをチェックするには、防犯カメラが欠かせません。

ちなみに、防犯カメラを設置できるのは、玄関などの公共スペースのみです。寝室やトイレなど、ゲストのプライバシーを侵害する場所への設置はできません。

また、防犯カメラを設置していることはゲストに開示する必要があります。

防犯カメラの具体的な機種は、配線工事などが必要な場合もあるので、電気工事会社にお聞きください。民泊の玄関の天井に設置するような、ザ・防犯カメラを設置せず、インターフォン型の小型の防犯カメラを設置する民泊オーナーは増えているようです。

私のおすすめは、Amazonが出しているRingシリーズです。

Wi-Fi速度が満足度を左右する！

意外と重要なのが、Wi-Fiの速度です。

Wi-Fiの速度は、クチコミに大きな影響を与えます。

一般的には25Mbps程度の速度で快適に過ごすことができますが、最近はSNSでライブ配信を行う人も多いです。30Mbpsあれば、より安心です。

令和の宿で必要なのは「雰囲気」

ワンランク上の宿を演出するなら、部屋の雰囲気づくりは非常に重要です。

食器や家具類は、カラーを統一し、シンプルにした方が落ち着いた空間になります。色や柄

Wi-Fiの速度別でできること一覧

項目	速度
メールやLINEなどメッセージのやりとり	1Mbps
GoogleなどのWebサイトの閲覧	10Mbps
ZoomなどのWeb会議	15Mbps
Youtubeをはじめ動画の視聴	25Mbps
SNSなどで行うライブ配信	30Mbps
オンラインゲーム	100Mbps

もランダムに、とりあえず数を間に合わせるのは得策ではありません。

3COINSやニトリはシンプルでおしゃれなデザインを幅広く揃えており、比較的手頃でお勧めです。

より魅力ある宿を作りたいならば、民泊やレンタルスペースを専門とするインテリアコーディネーターに発注しましょう。

また、Airbnbと無印良品が共同で出している民泊スターターインテリアキットもあります。

自分の民泊を利用するであろう宿泊者層に合わせた雰囲気づくりを意識しましょう。

Airbnbをハックしろ！

部屋が完成したら、いよいよAirbnbへ登録です。

民泊オーナーの約6割は、Airbnbだけで集客しています。

それには、3つの大きな理由があります。

①民泊オーナーの初心者に使いやすい

Airbnbのゲストとのチャット機能は、自動翻訳がデフォルトで整備されています。英語ができなくても、訪日客とのコミュニケーションは大丈夫です。また、ゲストが民泊オーナーの物件の備品を破壊したら、Airbnbが保険料で弁済してくれます。他にも、民泊の初心者が使いやすい機能がAirbnbには満載です。

②ゲストの質が良い

Airbnbのゲストは、「民泊に泊まる」という気持ちでAirbnbからあなたの宿に予約します。ほとんどの民泊は宿に受付がなく、無人です。Airbnb以外の予約サイトのお客の中には、「え？ 受付がないの？ どうやってチェックインするの？ え、私のメールに来ているパスワードを使って、自分で部屋へのパスワードを使ってドアの鍵を開けるの？ ルームサービスはないの？」のように、民泊に慣れていないゲストが来る可能性があります。民泊をホテルや旅館と勘違いしているゲストが来ることがあり、この勘違いゲストの対処は中級者向けです。

③Airbnbなら、基本的に嫌なゲストは断れる

Airbnbは、他の予約サイトに無い特徴として、ゲストも民泊オーナーからクチコミを

集めるシステムです。つまり、変なゲストは民泊のオーナーから、悪い口コミを集めてしまいます。民泊のオーナーは、ゲストから、宿泊のリクエストが来たら、ゲストの過去の滞在時に集めたクチコミを読み、悪いクチコミが無い場合だけ、宿泊を許可することもできます。もちろん、ゲストから選ばれるくらい魅力的な宿を作らねば、こちらからゲストを選ぶことは難しいです。

ちなみに、Airbnbには独特の用語がありますので、頻出用語を解説します。

ゲスト：宿泊客のこと。民泊業界では、宿泊客というより、ゲストと呼ぶ。

ホスト：民泊の管理者のこと。民泊オーナーや、民泊オーナーから委託を受けた、ゲストとコミュニケーションをとる人。

リスティング：Airbnb内の宿の集客ページのこと。Airbnb以外の集客サイトでは、リスティングのことを部屋タイプと呼びます。部屋タイプとは、シングルやダブルなどの部屋の種類のこと。

宿泊客は、全員Airbnbを参考に、あなたの宿に泊まるかどうかを決定します。つまりAirbnbでどれだけ魅力的に見せられるかが、売り上げに大きく影響します。

Airbnbに乗せるのは説明文と写真です。

ここでは、より魅力を伝える写真と文章をお伝えします。

宿の印象は写真が決める！

『人は見た目が9割』とよく言いますが、部屋も同様です。あなたの物件の魅力を存分にアピールする写真を掲載しましょう。細部までわかる写真が掲載されていれば、リスティングが自分のニーズに合っているかどうかを顧客が判断しやすくなります。

ただし、写真の過度な編集には注意しましょう。写真と実際の部屋の印象が釣り合わないと、クレームになりかねません。

では、魅力的な写真を撮るにはどうしたらいいのでしょうか。

もし予算に余裕があるならば、ぜひプロのカメラマンに依頼してください。

Airbnbでは、有料ですが、プロの写真家を派遣してくれるサービスを行っています。依頼してから2週間程度で、プロが撮影した写真を、自動的にあなたの物件の予約ページにアップロードしてくれます。しかも、料金はAirbnbで予約された宿泊の支払いから自動的に差し引かれるため、儲かってからの後払いで大丈夫です。

ただ、派遣できる範囲は制限があります。その場合は、プロの写真家に依頼しましょう。

およそ10万円以内で依頼できます。

もちろん、自分で撮影することもできます。

Airbnbで見栄えよく表示される写真を撮る方法をご紹介します。

・**フラッシュをオフにする**：室内の写真を撮影する際は、晴れた日の日中にカーテンを開けて、自然光を最大限に取り入れてください。柔らかい自然光で撮影すると、温かみのある写真になります。暗すぎる場合は、照明をつけてください。また、屋外の写真を撮るなら、日の出後と日没前の60分間の「ゴールデンアワー」に撮るのが効果的です。

・**横向きで撮る**：Airbnbの検索画面では、画像が正方形にトリミングされます。しかし、リスティングページ（物件ごとの詳細ページ）では写真が横向きに表示されるため、横向きで撮影したほうが効果的です。

・アップと引きを載せる：部屋全体が写る引きの構図、売りにしているコンテンツがよくわかる寄りの構図を組み合わせて、全体像と細かい部分の両方を紹介しましょう。

・**高解像度の写真をアップロードする**：1200×800ピクセル以上の解像度の写真を使用しましょう。ファイルサイズは10メガバイトくらいの大きなサイズがおすすめです。

・**30枚~50枚は掲載できるように撮影する**：写真の枚数が少ないと、情報を伝えきれず、利用者に不安感を与えてしまいます。できる限り宿の情報を伝えきれるように、30枚から50枚は写真を掲載してください。

内訳としては、

・外観の写真：3~5枚（一軒家、庭がある場合は10枚ほど）

・部屋の写真：10枚（玄関、リビング、風呂、トイレなど）

・アメニティや備品の写真：10枚~20枚（ドライヤー、家具、家電など）

を意識してください。

写真を撮影したら次はリスティングページへ掲載しましょう。

ゲストが泊まりたくなる写真の載せ方

写真をバラバラとただ載せるだけでは、宿泊客も面倒くさくて全ての写真を見てくれません。なので、絶対に「フォトツアー」機能を使ってください。フォトツアー機能は、写真をエリアごとに割り振って設定できますので、間取りや部屋のイメージが伝わりやすくなります。

フォトツアーの設定方法は次の通りです。

①リスティング一覧から編集するリスティングを選択

②『お部屋とその他スペース』の〝編集〟をクリック

③編集するエリアを『∨』でひらき、〝写真を追加〟をクリック

※すでに写真が追加されている場合は〝写真を編集〟

④追加する写真を選択して〝保存〟をクリック

③、④の作業をエリアごとに行ってください。ど

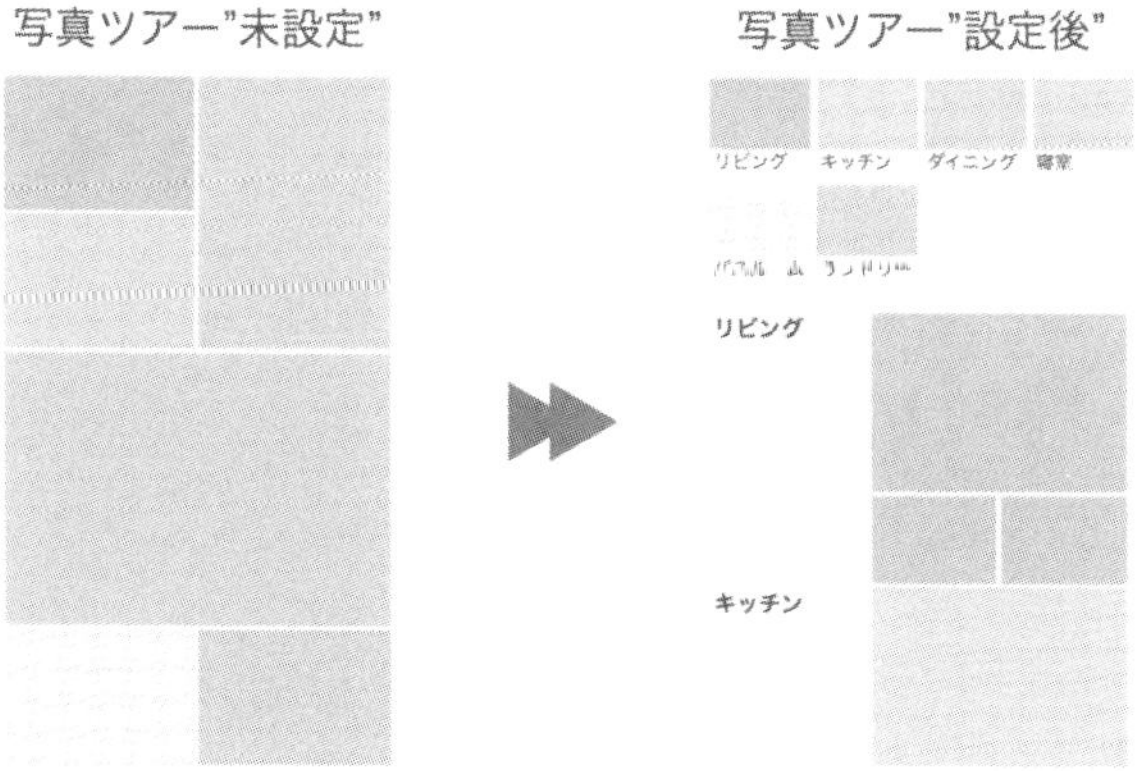

こにも含まれない写真は、『その他の写真』に自動で振り分けられます。

ちなみに、フォトツアーはリビングルームから始まり、キッチン、寝室、バスルーム、屋外エリア、その他のスペースの順で表示されます。

写真をフォトツアーで設定したら、説明欄にエリアごとの詳細情報を追加しましょう。たとえば寝室にはキングサイズのベッドがある、リビングルームには55インチのテレビがあるなどの情報を記載できます。

必ず書いてほしい情報は、次の内容です。

・宿泊客が立ち入り禁止の場所
・家電、家具の詳細（特にドライヤーなどの衛生用品）
・チェックイン、チェックアウト時間
・宿の注意事項（ペットの可否、子どもの人数制限など）
・オプションの説明（食事の有無、アクティビティ設備など）
・Wi-Fiについて
・近隣施設の紹介（コンビニやスーパーなどの情報）
・駐車場の有無

次に、写真にキャプションを付けてください。写真には写っていないけど、宿泊客にとって重要だと思われる点を説明しましょう。たとえば、「ダイニングルームのソファは、広げるとベッドになります」といった内容を記載します。また、アメニティや設備の写真にも説明文を付けておくとわかりやすいです。

編集が終わったら、「表示する」ボタンをタップして、リスティングをプレビューしてください。フォトツアーの割り振りミスや漏れがないか、宿泊客目線で確認しましょう。

また、ＰＣで見た後に、必ずスマホでどのように表示されるかチェックしてください。Airbnb利用者の多くは、スマホで利用しています。ＰＣとは見え方が大きく変わってしまうため、スマホで見づらいことがないようにチェックしてください。

チェックイン・アウト、キャンセルポリシー、清掃料金

オーナーが自由に設定できる、チェックイン・アウト時間やキャンセルポリシー。どう設定したらいいのか迷うと思います。

まずは、チェックイン・アウトの時間です。

一般的に多いのが、チェックインは15時～16時、チェックアウトが10時～11時です。

そうしておけばまず問題は出ないと思いますが、宿の雰囲気に合わせて、あえてずらす作戦もあります。

たとえば、チェックイン時間をあえて遅く（18時前後）に設定すると、宿泊客が早く到着してしまった場合にも、「早めに入ってもいいですよ」と融通が利きます。

すると、「時間を柔軟に対応してくれた」とクチコミを書いてくれることがあります。

チェックアウト時間を遅くすることも有効です。特に、出発の準備に時間がかかる子供連れには喜ばれます。

自分の宿の特徴に合わせて、いつに設定するのが効果的か考えてみましょう。

次に、キャンセルポリシーです。

キャンセルポリシーとは、予約のキャンセルに備えて宿が定める規定です。たとえば、いつまで無料でキャンセルできるかなどを定めます。

これはできれば、可能な限り柔軟に設定することをお勧めします。ただ、無料期間内のキャンセルが多い場合は、キャンセルポリシーの変更を検討しましょう。

次に、清掃料金です。Airbnbでは、宿泊料金に加えて、清掃料金を設定できます。

この料金も自由に設定できますが、1予約あたり3000円、あるいは1名あたり

1000円という具合に設定すれば、他の宿より高すぎる・低すぎることにはなりません。

また、清掃料金の設定は任意なので、『清掃料金は設定しない』という選択も可能です。

最後に、週末料金です。平日に比べて、土日の宿泊料金は高くすべきでしょうか？　答えは、意外にもノーです。私がAirbnbで調べたところ、週末の価格を高く設定しているホストは、全体の43％にとどまりました。少々意外ですが、平日と土日で分けるよりも、周辺の宿泊施設の料金の変動に合わせる方がおすすめです。

スーパーホストを目指せ！

民泊運営に慣れてきたら、次は、ぜひスーパーホストを目指してください！

Airbnbでは、実績が上位のホストを「スーパーホスト」と呼んでいます。スーパーホストのリスティングページには特別なバッジが表示されるので、宿泊客にいい宿であることをアピールできます。

スーパーホストに選ばれるには、次の条件を満たすことが必要です。

・10件以上の宿泊実績、または合計100泊以上となる宿泊実績3件

・宿泊客のメッセージへの返答率が90％以上
・1％未満のキャンセル率（重大な影響を及ぼす事象ポリシーの適用対象となるキャンセルを除く）
・総合評価4.8以上

この条件を、四半期ごと（1月、4月、7月、10月の初日）に、過去1年間のホスティング実績から自動で審査されて、条件を満たすと自動的にスーパーホストになります。

では、この条件を満たすにはどうしたらいいでしょうか。

スーパーホストになるには、強みの強化より弱みの克服を優先してください。

宿泊客のレビューでは、カテゴリ別に評価されます。カテゴリの内容は、「清潔さ」「情報の正確さ」「チェックイン」「コミュニケーション」「ロケーション」「価格」で、五段階で評価されます。

スーパーホストになるには、これらの項目の全てで高い評価が必要です。たとえ清潔さ以外の項目が満点でも、スーパーホストになれません。

すなわち、スーパーホストとは、総合力の高い、信頼できるホストなのです。

なので、各カテゴリの全てで、まずは70点を目指します。

その後、70点を80点にしていく地道な改善（強みの強化）を積み重ねます。たとえば、民泊にベビー用品を用意して、「ベビー用品などが用意されて価格の割に良かった」などとゲストに思ってもらえるような工夫です。訪日客に、どら焼きを手渡しするような民泊オーナーもいます。これも、70点を80点にする強みの強化です。

オリジナリティのある工夫の前に、まずは70点を目指してください。

ゲストは民泊の部屋の清潔度が30点なら、苦痛を感じます。ベビー用品が用意されて、どら焼きを手渡しされても、部屋が汚なければ、ゲストは「部屋が汚かった」などとクチコミを書くでしょう。

民泊では、悪い評価を得ると一気に経営が厳しくなります。Airbnbで言えば、星3以下を2回連続でゲストから投稿されると、一気に経営が傾きます。

まずは星3以下を貰わない経営を実施し、そこから星5をもらうために、強みを強化する改善を実施します。

しかし、たとえ80点の経営をしていても、唐突に星3評価のレビューが投稿されることがあります。これは、どうしたら防げるのでしょうか。

まずは、問題のある客を宿泊させないようにしましょう。Airbnbのリスティング機能から、ポリシーとルールの『優れた利用実績』を有効化してください。

これだけで、Airbnbを利用したことがないゲスト、問題を起こしたことがあるゲスト、以前に泊まった宿のホストから否定的なレビューをされたゲストは予約ができなくなります。ただ、予約のリクエストは送られてくる可能性があります。

これだけで危険な宿泊客は弾くことができますが、それでも理不尽な理由による低評価の口コミやクレームは発生します。そういったクレームの多くは、宿側が想定していない観点から書かれます。

たとえば、「ゲストハウス」というものを知らない人がドミトリーのゲストハウスに泊まって、「相部屋で気疲れしてしまい、星1つです」というレビューを書くことがあります。

また、「無人受付」と知らずに予約したゲストから、「受付の人がいなかった。おもてなしの心がない。星1つ」と書かれることもあります。

これは、どうしたら防げるのでしょうか。

次の3点が、低評価の口コミに繋がる主な原因です。
①宿とゲストの認識のギャップ

②写真と現実のギャップ
③販売価格とサービスのギャップ
以下に、3つの対策を解説します。

①OTAにホテルとの違いを明記する

OTAとは「Online Travel Agency（オンライン旅行代理店）」の略称で、インターネット上で宿泊施設や航空券の予約を提供する旅行代理店のことです。代表的なOTAには、Airbnb、Booking.com、じゃらん、楽天トラベルなどがあり、これらのプラットフォームは世界中の宿泊施設や旅行商品を一括して検索し、予約することができます。ゲストはOTAを利用することで、様々な選択肢から宿泊先を簡単に比較、予約できる一方、民泊オーナーは

集客を効率的に行うことができます。

OTA上に、ご自身の宿がどのような宿であるかを明記しましょう。OTAの検索結果は、以下のようにホテルと民泊が混同して表示されます。

中には、ホテルと勘違いして民泊を予約するゲストもいるでしょう。宿の説明をゲストがわかりやすいように明記すれば、「ホテルじゃなくて、ただのアパートだった。星1つ。」のようなミスマッチは防ぐことができます。

②写真を加工しすぎない

実際の部屋の印象と、ギャップが生じない写真を掲載しましょう。見栄えの良すぎる、過度に編集した写真の掲載はNGです。

③適正価格で販売する

「値段の割に…」。このような口コミが書かれた場合は価格の見直しかサービスの改善をしましょう。現状の価格とサービスが見合っていない可能性が高いです。

しかし、値下げのしすぎにも注意です。価格が安すぎる場合も、低評価の口コミは増加する場合があります。

ゲストチョイスを狙え！

Airbnbでは、2023年から「ゲストチョイス」という機能が追加されました。

ゲストチョイスとは、Airbnbでゲストから特に好評なリスティングに与えられるバッジです。ゲストチョイスは、スーパーホストでなくとも獲得可能なので、ぜひ狙ってください。

評価基準は完全には公開されていませんが、次のような条件が公表されています。

・5件以上のレビュー投稿がある
・平均評価が4.9以上
・ホストとのコミュニケーションが高評価

スーパーホストには10件以上の宿泊実績が必要ですが、ゲストチョイスは5件のレビューで獲得可能です。

ゲストチョイスに選ばれるには、各項目で高評価を得る必要がありますが、特に力を入れるべきはコミュニケーションです。

ゲストからの連絡には、24時間以内の返信を徹底しましょう。この項目は、スーパーホストになるための認定基準のひとつでもあります。

また、評価項目の一つに「ロケーション」がありますが、これは立地の良さではありません。「リスティングページのロケーション情報が正確だったかどうか」が評価基準になります。なので、たとえ新宿駅徒歩1分の立地でも、リスティングページの住所情報が不正確であれば、ロケーションは低く評価されるのです。ゲストの立場で、ロケーション情報が正確かどうか確認しましょう。

4.9以上の評価を維持するのは大変です。5.0や4・99といった、非常に高い平均点を維持している民泊オーナーの方々がいらっしゃいます。5.0や4・99を維持するには、ゲストに会いにいってお土産を渡すなどのアナログなおもてなしの作業が必要になります。

私は、苦もなくこれらのアナログなおもてなし作業を実施できる民泊オーナー以外は、4・99などの高いクチコミ平均点を維持不要という意見です。民泊の経営を維持する意味では、4.8（スーパーホスト維持の最低ライン）～4.9の間のクチコミの平均点があれば、大丈夫です。

隣の競合が繁盛している理由

たとえば、あなたの民泊の競合の宿がすごく繁盛しているように見えるとします。

あなたはその競合の宿が繁盛している理由を知りたい。

そこで、あなたはその民泊のAirbnbのページに行くと、バーベキューセットを無料で貸し出していることに気づく。

なので、あなたも、自分の宿にバーベキューの道具を用意しようと思う。

しかし、実際はそのバーベキューの道具のおかげではなく、宿が清潔で、返事が早く、お土産にどら焼きを渡す、スーパーオーナーが経営している宿だから予約が埋まるかもしれない。

人は見えやすい要因に繁盛の要因があると思いがちですが、大抵、繁盛している要因は、見えないところにもたくさんあります。

繁盛している宿は、例外なく、「バーベキューセットがある」などの一点突破型の強みが目立つ宿ではなく、Airbnbのクチコミの全項目の数値が高く、欠点が無い宿です。

どんなアクティビティよりも，

清潔で宿泊に困らないことの方が魅力です

ちなみに、ライバルの繁盛している要因を知りたいなら、その宿の過去のクチコミを全て読みましょう。その後、その宿に泊まりましょう。

返信が早い、部屋が清潔など、気づいたことを全てメモしましょう。そして気づいたことを全て自分の宿で実行しましょう。

第 5 章

民泊運営の業務

第5章　民泊運営の業務

ここまでで、物件を入手し、部屋の設備を整え、予約ページの準備も完了しました。いよいよ開業ですが、民泊運営のための日常業務には何があるのでしょうか？

民泊オーナーのやるべき仕事は、次の通りです。

●毎日やること

・ゲストからの問い合わせへの対応
・宿泊料金の値付け

●宿泊予約があった際にやること

・予約の受付・管理（複数の予約サイトに登録している場合は、ダブルブッキングの防止）
・チェックイン・アウト対応（カギの受け渡し、パスポート確認と宿泊者名簿の作成）
・ゲストからの緊急連絡対応（「お湯が出ない」などのトラブル対応）
・清掃業務（室内清掃、ゴミの処理、リネン類の交換など）

●適宜行うこと

・予約サイトへの登録、掲載内容の調整：Airbnbなどの予約サイトへの物件掲載や掲載内容の微調整

・報告書の作成・提出（住宅宿泊事業法で運営する場合、「宿泊実績定期報告データ」を二カ月に一度、役所へ提出する必要があります）

・データ管理（売上、稼働率、費用などを計算し、継続的に資金繰りの改善を行う）

意外と多いと思うかもしれませんが、これらの業務は全て外注が可能です。

しかし、業務を外注する前に、まずは全部、自分でやってみてください。そうしないと、外注時にその仕事のクオリティが良いかどうか、判断ができません。

しかし、仕事の概要はわかっても、具体的に何をしたらいいのかわからないあなたへ、この章で一からお伝えします。

一番大切な3つの業務

いろんな業務を書きましたが、究極的には、まずやるべきは次の3つの業務です。

①宿の値付け。繁忙期は高く、閑散期は低くしてください。
②チェックイン・チェックアウトができているか確認します。民泊では、対面で受付業務をすることは基本的にありません。
③清掃。ゲストのチェックアウト後に掃除やリネン交換をします。
それぞれ、具体的に説明します。

①値付け

宿の宿泊料金の設定は、非常に重要です。値付けを他人に任せると、適切な値付けがされないことが多いです。他人には経営責任がないので、いちいち面倒な値下げや値上げをしません。つまり、売上を最大化しません。値付けだけは外注せず、民泊オーナー自身が値付けするのが適切です。

繁忙期は値上げ、閑散期は値下げで、需要に合わせた価格設定をしてください。また、季節や曜日、イベントなども考慮した柔軟な値付けがポイントです。たとえば、人気アイドルのコンサートが近くである日は高くするなどです。

②受付

受付業務は、大きく分けて3つの業務があります。

メッセージの返信、電話の応対、チェックイン・アウトの対応です。

メッセージの具体例としては、通常の予約に関するやり取り以外にも、ゲストから、「チェックイン前の午前11時に、荷物を民泊に置きたいが、可能か。」などと、イレギュラーな相談があります。

電話もメッセージと似たような内容ですが、こちらは夜の午前1時に「鍵を無くした。民泊に入れない！」など、緊急性の高い電話がかかってくることがあります。

電話やメッセージには、できるだけ早く返信してください。できれば15分以内に返事をするのがベストです。親切で丁寧な対応を心がけ、トラブル時にもしっかりとフォローし、信頼関係を築いてください。

15分以内の返信を実現する具体策には、次のようなものがあります。
・予約サイトを絞る
予約サイトをAirbnbだけか、もしくは、AirbnbとBooking.comだけにします。

AirbnbとBooking.comのアプリは、返信がしやすい作りになっています。

・Apple Watchなどのスマートウォッチを導入する
スマートウォッチを購入し、AirbnbとBooking.comだけ通知をオンにします。これで、ゲストのメッセージだけに瞬時に反応できます。
・マニュアル文を作っておく。
最寄りの駅からのアクセス、周りの飲食店の予約方法、鍵の開け方、お湯が出ない時の対応策など、全部マニュアルにしておきます。そして、それをスマホのメモに残して、コピペで返信します。
・15分以内に返事をできない場合は、『○時間以内に返事します』と、とりあえず15分以内に返事します。

とにかく、ゲストからのメッセージには可能な限り早く対応してください。

私の民泊を運営している知り合いは、夜にお酒を飲むと返信が遅れてしまうので、断酒しました。しかし、現実的には、一人で24時間３６５日の対応をするのは難しいです。そのため、受付業務は慣れてからは外注を推奨しています。

チェックイン・アウトの対応については、民泊運営者のおよそ半分はセルフチェックインで運営しています。セルフチェックインとは、キーボックスなどを使って、自動で鍵の受け渡しを行う方法です。セルフチェックインに使用できる鍵には、次の種類があります。

●キーボックス

キーボックスとは、暗証番号を合わせてフタをあける保管ボックスです。あらかじめゲストに暗証番号を伝えておいて、中から取り出した鍵で開錠します。

もっとも安価な方法ですが、次のようなリスクを伴います。

・ゲストが鍵をなくす
・暗証番号を盗み見され、第三者に侵入される
・キーボックスが破壊されて鍵を盗まれる

●テンキー錠

別名キーレス錠、ボタン錠です。ドアに直接設置されて、セットした暗証番号を押して開錠します。物理キーが不要のため、紛失の心配がありません。

ただし、次のようなデメリットがあります。

・取付工事が必要
・引き戸の場合、設置できないことがある
・暗証番号を変更するには現地での作業が必要

●スマートロック

テンキーと同じく、設定した暗証番号を押して開錠します。クラウド経由で暗証番号の変更や、施錠・開錠が可能です。便利な一方で、次のようなデメリットもあります。

・物によって月額費用がかかる
・取付工事が必要な場合がある
・電池交換が必要

なお、スマートロックは、それぞれ機能や設置方法が異なるため、注意が必要です。

・取付工事は必要か
・サイトコントローラーと連携できるか
・ゲストごとに暗証番号を発行できるか

など、細かく確認しましょう。私のおすすめは、スマートロックです。デメリットはありますが、しかし、メリットが圧倒的に優れます。

③清掃

これが最も大切と言っても過言ではありません。ゲストの満足度は清潔度に大きく左右されます。どんな広さの部屋でも、およそ3時間はかかると思ってください。

具体的には、次の業務があります。

①室内の清掃：リビング、キッチン、風呂、トイレなどを清掃・消毒してください。

②ゴミの処理：民泊のゴミは、一般家庭のようにゴミ出しはできません。事業系ゴミとしてのゴミ出しが一般的です。45Lのゴミ袋一袋につき数百円のコストが発生することが多いです。

③シーツカバー等の洗濯・交換：ベッドシーツや枕カバーの洗濯・交換をしてください。二セット以上用意して、清掃業務の最初に洗濯し、他の箇所を清掃している間に乾かすのがおすすめです。速乾性のあるものを選んでください。近くにコインランドリーがあると非常に便利です。

④備品の補充：タオルやトイレットペーパー、シャンプーなどの補充・在庫管理をします。

清掃業務は、体力も時間も使います。まずは自分でやってみるのが大切ですが、開業から3ヶ月までには外注することを強く推奨します。

受付と清掃業務の外注方法

まず、業務外注先は、受付・清掃それぞれ二か所以上に相見積もりを依頼してください。相見積もりを取ることで、相場より不当に高い料金でないかも確認できます。

清掃業務の委託は、可能であれば2社以上に依頼してください。もし片方の業務継続が難しくなった場合にも、もう一つの依頼先があれば休業せずに民泊を継続できます。受付業務は業務的に2社に同時にお願いするのは難しいので、条件が良い一社に依頼をします。

まずは、受付業務の外注方法について解説します。

受付業務の外注は、スーパーホストの称号を持つ知り合いの民泊オーナーに依頼することが基本です。もしくは、実績と社員数が多い民泊運営代行の会社に依頼します。

社員数は、日本年金機構の厚生年金保険・健康保険 適用事業所検索システムを用いて、被保険者数＝社員数として調査することができます。詳細は、私の会社が執筆した「2024年版 民泊代行会社 社員数トップ5【客観的指標ランキング】」（2024年7月時点）（https://note.com/beds24japan/n/n9b0ba31e8fc7）の記事をご覧ください。

社員数が多ければ、その分ゲストからの問い合わせにも素早く適切に応対してくれます。

もし、知り合いにスーパーホストを持つ外注がお願いできそうな知り合いがおらず、社員数が多い会社にも外注したくない、ということであれば、「民泊メール　メッセージ電話運用代行サービス」と検索し、1ページ目に出てくる運営代行会社にコンタクトします。

そして、以下のように聞いてください。「民泊のメール、メッセージ、電話の代行をしてくれる会社を探しています。ところで御社は、Beds24やねっぱん++などの大手サイトコントローラーとAPI連携をした独自のシステムを開発していますか」。

相手から、システムを開発している、と返事が返ってきたら、信頼できる企業です。

ここでは詳細は省きますが、大手の民泊運用代行サービスの会社は、通常、サイトコントローラーとシステム連動（API連動）した独自のシステムを持ち、業務を効率化しています。

すなわち、継続して代行案件を受け続けている証ですので、安心して依頼できます。

また、「海外にも受付のオペレーターの拠点がありますか」と聞いてみても良いです。これも良い受付外注先か見分けるための質問と言えます。

拠点を海外に構えられるほどの規模の会社は、多くはありません。

次に、清掃業務の外注についてです。ダスキンなどの清掃業者にお願いしてもいいですが、タイミーや募集チラシで直接清掃スタッフを雇用する方が安く抑えられます。

具体的には、次の３つの方法があります。

①チラシを撒く（ポスティング）

インターネットには、ラクスルなどチラシ配りを発注できて、デザインや配る地域も指定できるサービスがあります。このサービスを使って、運営する民泊周辺の地域に、清掃スタッフを募集するチラシを配ります。

特に田舎では、後述するタイミーなどのアプリよりも、チラシの方がより多くの人にアプローチできます。

時給ですが、その地域の最低時給の＋５００～２０００円ぐらいで募集すると、人が多く集まります。

②タイミーで探す

タイミーという、隙間バイト募集サービスがあります。このアプリで、民泊周辺の地域の人を探します。まずは、10人前後に依頼してみてください。その中から特に良かった人に、定期的に発注しましょう。

③くらしのマーケットで探す

くらしのマーケットとは、生活にまつわる業務を発注できるサービスです。この中に、「民泊清掃代行」という項目があり、民泊の清掃業務に特化したスタッフに仕事を依頼できます。

スタッフの口コミがあったり、エリアでフィルターを設定できるので、希望にあうスタッフを探しましょう。

また、くらしのマーケットでは、良いクチコミを長期間獲得している人には、「入選」、「金賞」、「銀賞」などの特別なマークが付きます。このマークがついている人に仕事を発注するのがおすすめですが、「民泊清掃代行」は新しいジャンルのようで、このマークがついている人は中々見かけません。もし見かけたら、ぜひ依頼してみてください。

外注したとしても、丸投げは禁物です。清掃を委託した人には、清掃項目のリストを渡して、清掃の項目の抜け漏れを防いでください。また、時々抜き打ちで、きちんと清掃されているかをチェックしてください。

Column

トラブル対処法！

もし連絡が取れないゲストがいる場合、相手先の電話番号がわかる場合はSMSを送ってください。メールは見なくても、スマホに通知が届くSMSは確認するという人は多いです。

また、大きなトラブルになるのが、ゲストがチェックアウト日を間違えてしまった場合です。事前にSMSでチェックアウト日を送付しておく・部屋の中にチェックアウト日を記載したウェルカムボードを設置するなどの予防策がありますが、それでも間違えられてしまったら、どうしたらいいのでしょうか。

そういう時のために、室外の物陰にキーボックスを設置し、合い鍵を入れておきましょう。

自分か、清掃会社のスタッフが、強制的に入室できるようにするためです。

そして、もっと最悪の事態が、チェックアウト日を勘違いしたゲストが外出したまま、次の予約ゲストが来てしまった時です。
勘違いした『ゲストA』、今日チェックインの『ゲストB』で解説します。
ゲストA：チェックアウト日を勘違いして、部屋に荷物を置いて外出中
ゲストB：夕方にはチェックイン予定
この場合、次のように対応してください。
①ゲストAの荷物をまとめて、民泊以外の場所に保管
②ゲストBに連絡
「チェックイン可能時刻が遅くなります。申し訳ございません。」
③民泊のドアにゲストA宛の貼り紙を貼る
ゲストAと連絡が取れない場合、ゲストBが滞在している部屋に、ゲストAが再入室する可能性があります。その最悪事態を防ぐために、貼り紙をしてください。

そして、念の為、ゲストBに、鍵のチェーンを閉めるように伝えましょう。

第 6 章

知っておきたい民泊運営のリスク

第6章　知っておきたい民泊運営のリスク

民泊運営のリスクとは？　リスクへの対策

民泊は、比較的手軽に始められる副業として注目され、多くの人が不動産投資の一環として参入しています。しかし、安定した収益を得るためには、運営上のさまざまなリスクを理解し、それに対する適切な対策を講じることが重要です。本章では、民泊運営においていて特に発生しやすいリスクと、そのリスクにどう対応していくかを解説していきます。

まず、民泊運営において代表的なリスクとして、以下の項目が挙げられます。

①近隣住民とのトラブル

騒音やゴミの処理をめぐる問題が、民泊運営者にとって大きな課題となります。地域との良好な関係を維持するためには、事前の説明やルールの設定が不可欠です。

②損害賠償のリスク

ゲストによる物件や家具の破損、あるいはゲスト自身の怪我といったトラブルも、予期せぬ出費や法律上の責任につながる可能性があります。

③セキュリティリスク

鍵の管理や安全なチェックイン方法を怠ると、宿泊施設やゲストの安全が脅かされることも。リモートロックなどのスマートロックの導入が有効な対策となります。

④法律遵守と倫理観

民泊を開業する際には、法令を遵守するだけでなく、地域社会に配慮した倫理観も重要です。運営に必要な許可を取得し、ゲストと近隣住民に安心してもらえるよう、法的基準以上の対応を心がけましょう。

⑤複数の集客先の確保

Airbnbだけに集客を頼ると、アカウントが停止された場合に集客が途絶えてしまうリスクがあります。Booking.comや楽天など、他の集客先も確保することで、リスクを分散させ、安定的な予約を確保しましょう。

⑥民泊の周辺住民との関わり方

近隣住民とのトラブルを避けるためには、適切なコミュニケーションが重要です。開業前の挨拶や定期的なコミュニケーションを通じて、周辺住民と良好な関係を築くことで、トラブル発生時にも協力が得られやすくなります。

これらのリスクに対して、本章では各リスクへの具体的な対応策を一つずつ紹介していきます。民泊運営を長期的に安定させるためには、リスクに対する「備え」が欠かせません。

近隣住民との課題への対処方法

近隣住民との間で起きる民泊のトラブルは、90%が騒音問題です。ゲストが出す騒音に、あなたが運営する民泊の近隣からクレームが入るといったものです。

この解決ノウハウを、実際に民泊運営を行っている@hada0505さん、@riseyoshiokaさんなどに教えていただきましたので、共有します（全てXのアカウントです）。

①リスティングに「大学生お断り」と書いてしまう。大体の場合、騒音問題は若い人た

ちが原因です。
②1泊のみの使用を禁止し、連泊予約のみ可能にします。これで、一夜限りのパーティーの需要を回避します。
③できれば値段を上げましょう。値段が低いと、騒ぐお客が来やすいです。
④大きい音を出すと、近隣からクレームが入ると、室内に張り紙をしましょう。
⑤民泊開業時に、近隣に挨拶をして良好な関係を構築しておきましょう。挨拶と手土産により、将来、騒音を多めにみてもらえる可能性が高くなります。

残りの10％のうち、8％がゴミ問題、残り2％がその他のイレギュラーなトラブルです。

この場合のゴミ問題とは、ゲストが滞在中に勝手に道路のゴミ置き場にゴミを出したり、玄関前に設置した灰皿の周辺でたむろして、タバコの吸い殻やスナック菓子を道路へ捨てるような、マナー違反のゴミ問題を指します。

清掃業者に清掃を委託しているなら、清掃業者にゴミを持ち帰ってもらうことができますが、ゲストがそれを守らない可能性もあります。

小さいゴミ箱だとすぐにいっぱいになってしまい、ゴミの日以外に捨てるゲストが出るかもしれないので、民泊の部屋には大きめのゴミ箱を用意しましょう。

また、ゴミが出たらオーナーに連絡するように、ハウスルールに書いておきましょう。

民泊に庭があるならば、庭の片隅に大きめのダストボックスを用意して、そこに入れてもらうこともできます。

1週間以上の長期滞在のゲストには、こまめに連絡して、「どう? ゴミ溜まってない?」などと声をかける、などの対策があります。

民泊向け保険に入っておこう

家具の破損、ゲストの怪我……。民泊運営にトラブルはつきもの。万が一に備え、民泊向けの保険についても知っておくことが必要です。ここでは、2024年時点の民泊向け保険のラインナップをご紹介します。

それでは、順番にそれぞれの保険などを詳しく見て行きましょう。

なお、免責とは一言でいうと、ホストが自己負担する額を指します。

①ＯＴＡの保険

Airbnb：日本ホスト保険

Airbnbでは、日本の全リスティングを対象に、無料の保険を提供しています。

加入手続きは不要です。破損などが発覚した場合、まずはゲストへ連絡が必要です。その後、72時間以内に問題の解決に至らなかった場合、賠償責任保険報告フォームからAirbnbに報告すると、対応してもらえます。ただし、Airbnbから予約したゲストの滞在のみが対象となるので、複数のＯＴＡでリスティングを行っているホストは注意です。

この保険を使って補償を受けた人も見受けられることから、実際の機能面でも信頼がおけ

	企業名・団体名	商品名	引受保険会社	費用(年間)	最大補償額	特徴
OTA	Airbnb	日本ホスト保険	損害保険ジャパン(株)	0円	1億円	- 日本国内のリスティング全てが対象 - 加入手続きが不要 - 適応範囲：ホスト所有物の破損・傷害・財物損害 - 免責なし
	Booking.com	パートナー賠償責任保険	Zurich Insurance Company Ltd	0円	約1.5億円 (US$1,000,000)	- リスティング全てが対象 - 加入手続きが不要 - 適応範囲：傷害・財物損害 - 免責なし
組合	JAPA (一社 日本民泊協会)	民泊保険	三井住友海上火災保険(株)	32,000円 (会員費)	1　0億円	- 入会することで、所有する施設が補償の対象となる - 適応範囲：身体損害・財物損害 (対オーナーを含む) - 部屋の広さに関係なく一律料金。2室目以降は28,000円 - 借用不動産損壊特約あり - 免責なし
	jasmin (全国民泊同業組合連合会)	―	―	24,000円～ (会員費)	1億円	- 入会することで、所有する施設が無償補償の対象となる(厳密には保険ではない - 適応範囲：身体損害・財物損害 (対オーナーを含む) - 免責なし(ただし不測かつ突発的な事故は免責10万円)
	一社 民宿民泊協会	民泊物件補償サービス	三井住友海上火災保険(株)	24,900円～ (会員費)	3000万～1億円	- 入会＝所有する施設が補償の対象となる - 民泊物件緊急トラブルサポートサービスあり(民泊新法物件を除く) - 適応範囲：身体損害・財物損害 (対オーナーを含む) - 免責5万円
保険会社	(株)BrightReach	民泊専用保険	三井住友海上火災保険(株)	49,500円～	100万～1億円	- 適応範囲：財物損害のみ、ただし内容は充実 (対オーナーを含む) - 特約付帯で補償内容を充実できる - 免責3,000~30,000円
	三井住友海上火災保険(株)	ビジネスキーパー	―	29,090円～ (一般事務所ビルの場合)	契約時に自分でカスタマイズ	- 2024年10月に改定プランがスタート - 適応範囲：財物障害 and/or 休業障害で選択・組み合わせ可能。特約充実 - 民泊が該当「一般物件」に当たるかは要確認 - 免責あり

る、民泊のベースとなる保険と考えてよいでしょう。

Booking.comでもAirbnb同様に、リスティング物件を対象にした加入手続き不要の保険があります。しかし、私はこの保険を利用した実績を確認できず、機能しているかどうかは不明です。

また2024年現在、楽天トラベル、Yahoo!、じゃらんなど日本の主要OTAで、リスティング物件向けの保険を提供しているところは確認できませんでした。

したがって補償をOTAに頼るなら、Airbnbが圧倒的にオススメといえます。

②組合の保険
他のパターンとしては組合型があります。民泊に特化した団体に所属することで、自分が運営する物件を補償の対象とすることができます。
・JAPA（日本民泊協会）：民泊保険
部屋の広さに関わらず1施設年間3200円で、最大3億円の補償が受けられます。

通常の火災保険ではカバーされない民泊で起きた事故損害など幅広くカバーしており、免責もありません。

・jasmin（全国民泊同業組合連合会）
厳密には保険ではなく、会費を払った会員に対し、民泊運営に必要な補償を提供しているという立て付けです。年会費は２４０００円～で、施設の広さと所有か賃貸によって金額が決まります。支払い限度額は最大1億円で、免責は原則ありません。

・民宿民泊協会：民泊物件補償サービス
年会費は２４９００円～。残念ながら住宅宿泊事業法による登録物件は対象外ですが、24時間３６５日対応コールセンターを設置し、近隣住民やゲストのトラブルに対し全国どこでも30分以内に駆けつけ一次対応してくれるのが魅力です（ただ弊社が話を聞くかぎり、実際この駆けつけが早期解決に寄与するかは不明です……。気休め程度かもしれません）。補償内容も充実していますが、免責が最大5万円とやや高額なのがネックです。

③保険会社の保険
合わせて保険会社の商品の中で、民泊向けのものも紹介しておきます。

・BrightReach：民泊専用保険
上記で挙げた組合の保険の引受保険会社となっている三井住友海上火災保険の保険代理

店が販売する、民泊に特化した保険です。自然災害などの被害に手厚い一方で、基本的に財物のみが対象で、且つ保険料も高いのが悩ましいところです。

・三井住友海上：ビジネスキーパー

財物障害・休業障害を自分の希望に合わせ組み合わせることができます。地震災害時緊急費用の特約などサービスは充実しているものの、民泊特化型の保険ではないため、自分の民泊が対象物件に該当するかは要確認です。

保険の面からも、無料で補償が受けられるAirbnbは、民泊オーナーにとって優先すべきOTAといえます。

しかしAirbnbの保険は万能ではありません。火災のリスク、自然災害の影響、物件の所有者の対する損害賠償など、Airbnbの保険でも一般的な住宅保険でもカバーしきれない部分については、民泊向けの保険に入っておくと安心です。

オススメは一概にはいえませんが、例えば旅館業で許可をとり、ほぼ外注で運営しているなら、トラブルサポートが充実している民宿民泊協会がよいかもしれません。あるいは、住宅宿泊事業法で許可をとった施設の面積が広い一棟貸しのリゾート物件なら、

ＪＡＰＡが割安かもしれません。

補償内容や金額は各企業・団体で異なります。自身が運営する民泊の特徴や想定されるリスクと照らし合わせ、ぜひ、自分に合う保険を選んでください。

法律遵守と倫理観

民泊を開業する際には、法令を遵守するだけでなく、地域社会に配慮した倫理観も不可欠です。許可の取得はもちろん、ゲストや近隣住民が安心できるよう、法的基準以上の対応を心がけましょう。

ただ、現実には違法な民泊も存在し、こうした競合が合法的に運営する民泊にとって脅威になることもあります。ここで具体例を挙げてみましょう。

たとえば、Ａ棟とＢ棟という二軒家が隣接しているとします。見た目はほとんど同じでも、Ｂ棟は余った土地に違法に増築された古い家で、本来ならば民泊運営ができない建物です。

しかし、Ａ棟の許可を得た民泊オーナーが、Ａ棟の許可証を使って集客したゲストをＢ

棟に宿泊させるというケースがあり得ます。こうした行為は違法ですが、現実にはこうした方法で運営されている民泊も存在するのです。

もしあなたがこうした違法な民泊を見つけた場合、保健所に通報することができます。法を守って運営する側として、違法な競合に対抗する方法の一つです。

では、万が一あなたの民泊の経営が厳しくなり、違法な手段に頼りたくなったらどうすればよいでしょうか。潔く撤退するのが最善です。ビジネスには必ずしも全勝が必要ではありませんし、違法行為に手を染めることでリスクが増し、致命傷を負う可能性もあります。迷ったときには、次の問いを基準に経営判断をしてみてください。

「親兄弟、子どもたち、配偶者に自信を持って自分のビジネスを説明できるか」

これは、私が恩師から学んだ大切な倫理観です。どんなにビジネスが厳しい状況でも、違法行為や不正行為をしてまで経営を続けるべきではありません。家族や大切な人に堂々と話せるビジネスであること、これこそが長期的に信頼される運営の鍵です。

複数の集客先を確保しよう

Airbnbだけに集客を頼るのは一見効率的ですが、リスクも伴います。もしもアカウントが何らかの理由で停止され、さらに削除されてしまった場合、それまで貯めたクチコミや宿の信頼度が一瞬で失われ、経営に大きな影響が出る可能性があります。こうした事態を避けるためにも、複数の集客先を活用し、リスク分散を図ることが重要です。

他のOTAでアカウントを育てる

Airbnb以外のOTA（Online Travel Agency）でも、予約件数やクチコミを積み上げ、宿の信頼度を高めておくことが大切です。例えば、Booking.comで集客を増やすためには、アカウントを開設してからもコツコツとクチコミを集め、宿の評価を高める必要があります。クチコミが増えることで、宿の信頼度が視覚的にも向上し、新規ゲストが予約しやすくなります。

Booking.comでは時折、プロモーション機能や値下げ設定を活用し、口コミを積み重ねていきましょう。理想的には、まずAirbnbで50件以上のクチコミを集め、その後Booking.comでも50件以上のクチコミを目指して育成していくことがポイントです。50件という数は、予約を検討するゲストにとって、信頼できる宿かどうかの基準点となることが多いため、集客には効果的です。

集客の多様化

複数のＯＴＡで50件以上のクチコミが貯まったら、更なる集客の幅を広げるために、他のプラットフォームにも進出しましょう。以下は集客先の一例です：

・Trip.com（中華系市場向け）：中国やアジア圏のゲストの集客に強いプラットフォームです。海外からの集客を強化したい場合に有効です。

・楽天バケーションステイ（日本国内向け）：日本人のゲストをターゲットにする場合におすすめです。特に楽天会員層へのアクセスが期待できます。

・Googleマップ（Google Business Profile）：検索エンジンから直接集客したい場合に便利です。Googleマップ上での評価が上がれば、検索結果にも反映され、予約につながる可能性が高まります。

分散のメリットと備えの重要性

たとえAirbnbで300件のクチコミを貯めていても、アカウント停止などの不測の事態が起こる可能性はゼロではありません。そのような場合に、他のOTAでの実績があれば、経営へのダメージを最小限に抑えることができます。複数の集客先に依存先を分散させておくことで、事業を安定させ、不測のリスクに備えることができます。

「調子が良いうちに、悪い事態に備える」。これは民泊運営を長期的に成功させるための基本戦略です。

民泊の周辺住民との関わり方

近隣住民とのトラブルを避けるためには、適切なコミュニケーションが重要です。開業前の挨拶や、定期的なコミュニケーションを通じて、周辺住民と良好な関係を築くことで、トラブル発生時にも協力が得られやすくなります。

具体的には、開業前に必ず、敷地から10メートル以内の住民には挨拶をしておきましょう。直接訪問が難しい場合には、連絡先を書いたチラシと、タオルやクッキーなどのちょっとした粗品を添えてお渡しするのも効果的です。

事前に挨拶をしておけば、少なくとも周辺住民に「敵」として認識される可能性が大幅に減ります。民泊が敵視されてしまうと、ゲストのちょっとした騒音であってもすぐに警察に通報されるなど、トラブルが大きくなりがちです。しかし、あらかじめ粗品と連絡先を渡しておくことで、何か問題が発生した際も、まずは警察ではなくあなたに直接連絡をもらえる可能性が高まります。

人は、挨拶を交わしたり顔を合わせた相手に対しては敵意を抱きにくい傾向があります。できる限り、敷地から10メートル以内の住民には

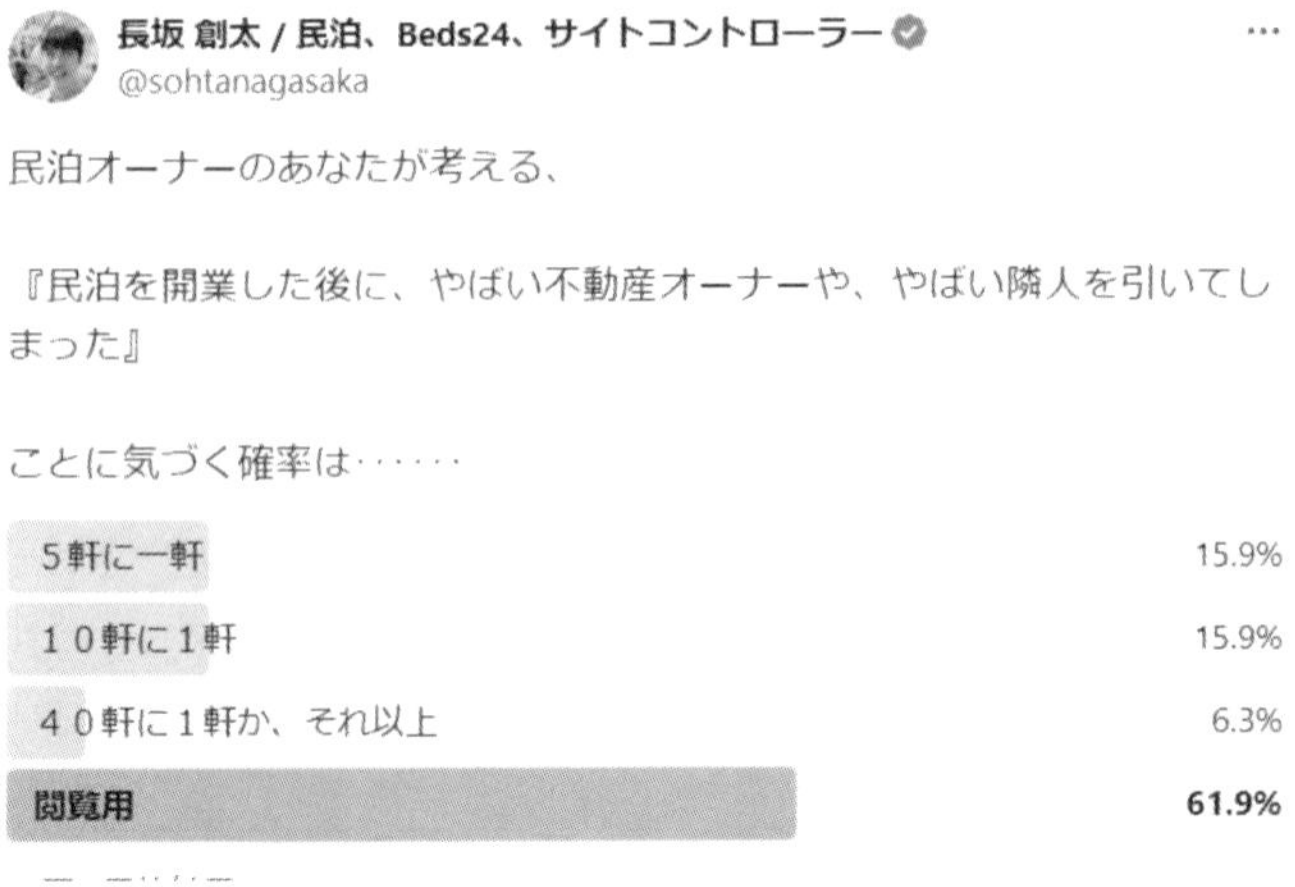
長坂 創太 / 民泊、Beds24、サイトコントローラー
@sohtanagasaka

民泊オーナーのあなたが考える、

『民泊を開業した後に、やばい不動産オーナーや、やばい隣人を引いてしまった』

ことに気づく確率は……

５軒に一軒	15.9%
１０軒に１軒	15.9%
４０軒に１軒か、それ以上	6.3%
閲覧用	**61.9%**

直接訪問して挨拶をすることが理想です。

また、市区町村によっては、周辺住民への周知範囲を「敷地から20メートル以内」とするなどの具体的な基準が設けられている場合もあります。そうした基準が特にない場合は、目安として敷地から10メートル以内の住民を挨拶の対象とするとよいでしょう。

インターホンを押しても不在だったり、怪しまれるなどして直接会えない場合もあるので、その際は手土産と連絡先が書かれた手紙を郵便受けに入れておくと良い対応となります。

話が通じにくいやばい不動産オーナーや隣人に出会う確率

私は、2015~2018年までに、10棟の民泊を開業しましたが、話が通じにくい、いわゆる「やばい」不動産オーナーや隣人に当たったことはないです。

私が複数の関係者から話を聞く限り、大体40件に1回くらいの確率で話が通じにくいやばい不動産オーナーや隣人にあたるのかなと思います。この問題は、事前に避けることが難しいので、ヤバい人に当たってしまったら、運が悪かった、と諦めるしかないです。

良好なゲストのみ集客する方法

私の知り合いの「なみ（@enu_10485）」さんが、Xで次のような投稿をしていました。

「今すぐ予約について：私は今すぐ予約をオンにしているが、良好な利用実績のあるゲストのみ予約できるように設定している。新規のゲスト、レビューの悪いゲストのみ予約リクエスト制になるという仕組みだ。予約前のメッセージに注意点を記載し読んでもらうようにしている。この設定にすることにより、ある程度地雷ゲストの予約を防ぐことができる。

レビューの悪いゲストはリクエストを却下し、予約時のメッセージに不安のあるゲストは何度かやり取りをし安心してから承認するようにしている。なので何組かリクエストを却下したことがある。特に近隣トラブルが怖い宿はこの機能が役に立っていると思う。ホスト側からもゲストを選ぶことができるAirbnbのこの仕組み。活用しない手はないと思う😇」

なみさんが書かれているように、Airbnbには「良好な利用実績を持つゲストのみ、今すぐ予約を使える」ようにする仕組みがあります。

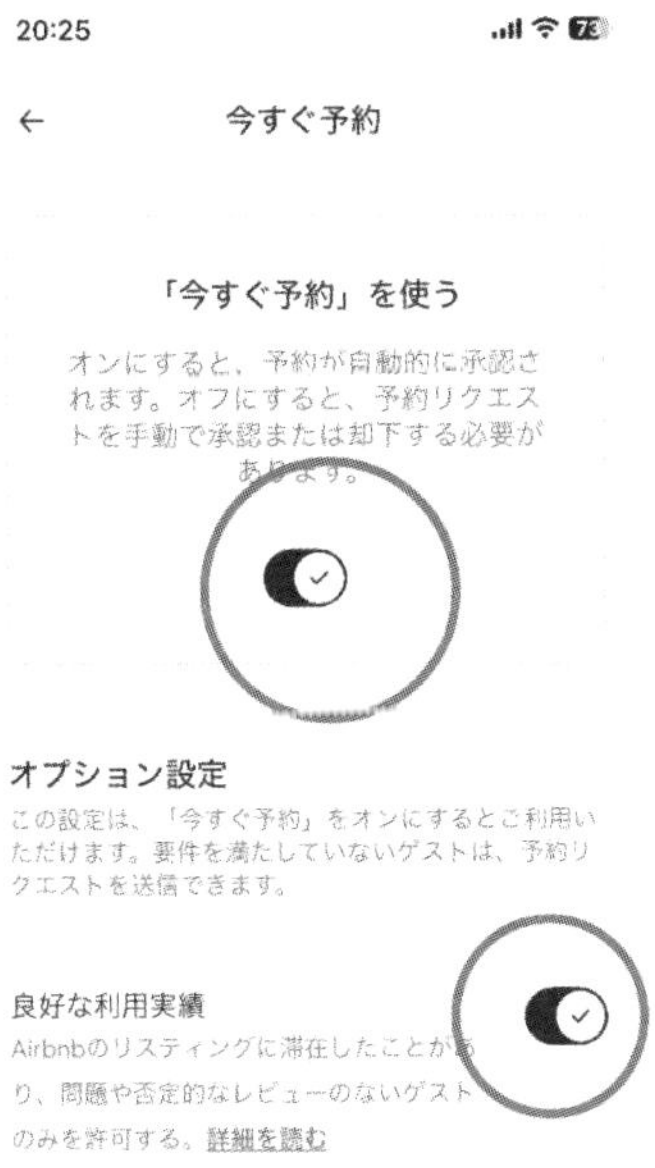
20:25
今すぐ予約
「今すぐ予約」を使う
オンにすると、予約が自動的に承認されます。オフにすると、予約リクエストを手動で承認または却下する必要があります。
オプション設定
この設定は、「今すぐ予約」をオンにするとご利用いただけます。要件を満たしていないゲストは、予約リクエストを送信できます。
良好な利用実績
Airbnbのリスティングに滞在したことがあり、問題や否定的なレビューのないゲストのみを許可する。詳細を読む

良好な利用実績とは、過去にAirbnbで宿泊した実績があり、かつ、その時に泊まった宿のホストから良好な評価がされていることです。

この機能をオンにすることで、もし悪い評価が付けられているゲストから予約リクエストがあっても、却下か保留にすることができます。

ここでしか読めない！　民泊運営の失敗例

私が民泊を運営する中で学んだ失敗事例集を、重要度別に全て公開します。同じ轍を踏まないよう、参考にしてください。

重要度★★★

【物件】

・マンション管理組合のルールを調べなかった：管理組合が民泊禁止のルールを設けている場合があります。事前に確認しましょう。
・用途地域、市街化調整区域、接道を調べなかった：基準を満たさないと、そもそも宿泊施設を開業できません。
・水漏れが起こっていたことに気づかなかった：ボロ戸建賃貸をして直接管理している大家さんから借りると危険なので、開業前に入念に欠陥をチェックしましょう。
・3階建の戸建を契約してしまった：3階建は、竪穴区画という特殊な建築構造が必要となることが多く、民泊開業者は避けた方が無難。

・物件オーナーに宿泊事業を行うことを黙っていた：不特定多数が出入りする宿泊施設の運営を良しとしない物件オーナーもいます。必ず契約前にオーナーに確認してください。

・２００平米を超える物件を契約してしまった：旅館業狙いなら、２００平米以下の物件が推奨です。２００平米を超えると用途変更の確認申請を行う必要があります。

・地域の上乗せ条例をチェックしていなかった：地域によっては、より厳しい規制を敷いている自治体もあります（京都や金沢など）。

・民泊開業を志してから３ヶ月以内に物件を契約してしまった：できるだけ多くの物件を内覧した後に、契約するのをおすすめします。

【設備・備品】

・Wi-Fiをポケットwi-Fiで契約してしまった：持ち帰り、紛失、故障などポケットWi-Fiは様々な問題が発生します。また通信が遅い上に不安定で、かつ利用制限もあるので固定回線一択です。

・二段ベッドのサイズ要件を知らなかった・旅館業法では、二段ベッドを置く場合「上段と下段の幅がおおむね100cm以上」あることが求められます。自治体によってはさらなる規制も。

・買った家具・家電が入らない：大物備品を入れる際は、必ず搬入動線を確認しましょう。特にマットレス

【運営】

・予備のキーボックスを民泊の玄関脇に準備しなかった：何らかの理由でゲストが入室できなくなったときに。駆けつけ対応せざるを得なくなってしまう。

・軽作業を依頼できない清掃スタッフに発注した：現地にホストが行く頻度を下げたほうが効率的なので、清掃スタッフに細かい作業までお任せできることが望ましいでしょう。

・騒音や敷地内侵入にうるさい近隣住民がいた：できる限り開業前、理想は物件選定前に近隣ヒアリングをすることをお勧めします。近隣クレームは面倒だし滅入ります

・漢字・ひらがなだけの看板を設置する：外国人には読めません。英語を併記しましょう

・複雑な手順のチェックインシステムを導入する：チェックイン手続きの面倒さは低評価に直結します。必ずお客様用のデモ画面を触ってみてから契約しましょう。おすすめは、

minpakuINやマネキーです。

・周辺住民の理解が得られない：住宅地で宿を開業する場合は要注意。事前に挨拶は必須。何かあった時に敵にならないよう普段から良好な関係を築いてください（半年に一度お菓子持参で何か迷惑かけてないですか？と聞くなど）。

・駆けつけ要件を満たしていない：地域によって駆けつけ要件が異なります。

【集客】

・自分自身が詳しくないものを宿のウリにしてしまう：ペットを飼っていないのにペット可、サウナ好きではないのにサウナ付きなど。

・施設写真を自分で適当に撮った：集客で一番大切なのは写真です。プロのカメラマンに依頼しましょう。1施設1～2時間で5～10万円

・キャンセルポリシーが緩いor厳しい：ポリシーが緩いと直前でキャンセルをくらい、厳しすぎると予約が入らない。地方の1棟貸しの場合は5日前から100％など

・ニーズのないエリアで開業：ニーズのないエリアで開業し成功するためには、宿自体が旅行の目的となるような憧れの宿を作る必要があります。難しいです。

・Booking.comの初期登録で現地決済を選んでしまう：Booking.comでは開業当初から完全事前決済（Booking.comペイメント）での運用が可能です（以前は現地決済しか選べなかった）。

・開業セールをしない：開業セールをしないのは自殺行為です。詳細は次のリンク先の記事をご覧ください。

リンク：https://note.com/beds24japan/n/n550a1e717c10

【経営】

・代行会社のAirbnbのアカウントで運営する：必ずアカウントはオーナーアカウントを作り、運営会社は補助ホストアカウントで運用してもらってください。さもないと、仮に代行会社を変更の際にがんばって貯めたレビューが水の泡になります。

・代行会社に依頼するも解約条項を確認していない：ＯＴＡのアカウント譲渡に10万円／サイトという代行会社も存在します。気をつけてください。

・運転資金を用意しない：最低でも３ヶ月分の運転資金を用意してください。

・Airbnbの設定で一棟貸しの宿なのに「まるまる貸切」として登録していない。：

Airbnbでは「まるまる貸切」の宿泊施設を探しているゲストが多いため、間違った登録をすると機会損失となります。

・清掃費が宿泊単価の50％を超える：清掃費が経営を圧迫しないよう、清掃費用は宿泊単価の30％以内に収めましょう。

・商標を侵害する宿名をつけてしまう。：訴えられます。あらかじめ他の宿が商標登録していないか確認してください。

【リノベーション】

・ゲストニーズが読めない設備に巨額投資する：高級家具・高級家電・庭など。資金に余裕がない場合、立ち上げ時はミニマム投資で、開業後に徐々に設備を揃えていくので十分です

・相見積もりを行わない：金額が大きい場合（500万円以上など）は、相見積もりを行なってください。

・借りた後に違法建築部分があることが判明した：想定外の是正工事が発生して開業費用が上振れしてしまったので、出来れば一級建築士チェックが欲しいです。

危険度★★

【物件】

・大人数収容を狙った物件でトイレが1つしかない：自治体によっては、一組限定でも「収容5人につき1つ以上のトイレ」を求めることがあるため、保健所確認はマストです。

・厳しい季節や悪天候時の物件を見ずに契約する：想像以上に雪が多かった、湿度が高いとカビが発生するなど、思わぬデメリットが発覚します。

・インバウンド客の少ないエリアで開業する：インバウンドが来ないエリアの物件は平日の集客が大変です。

・窓がない（眺望がない）物件：一般的には敬遠され、レビューも低くなります。眺望がないことを逆手に取ったコンセプトが作れるならありです。

【設備・備品】

・海に近いエリアでリモートロックを設置：塩害のため、すぐに壊れてしまいます。沿岸部や屋外でのスマートロックの利用は防錆加工を推奨します。

・冬場に水道管の凍結対策を忘れる：寒冷地だと水道管が破裂して惨事になるので、冬季は必ず水道水を出しっぱなしにする等の対策を怠らないようにしましょう。
・自動火災報知設備が付いていると誤解した：住宅用火災報知器や非常用警報装置のみが付いている物件は誤解しやすいので要注意！共用部に複合装置と受信盤があることを確認すればほぼOKです。
・ごみ箱や家電の置き場所を考慮せずに間取りを設計する：ごみ箱は置き場所が決まっており、意外と床面積を取ります。おしゃれなインテリアがごみ箱で台無しにならないように設計段階で考慮しましょう。
・3点セットなどの格安寝具を買う：消耗が早い上に、レビューにも響きます。最低でもニトリで5000円以上の布団を購入してください。
・使い方が複雑な家電を置く：複雑な操作を必要とする家電を喜ぶゲストは少ないです。できるだけシンプルな操作性の家電を選びましょう。
・ガラスの机をおく：指紋がついて、掃除が大変です。
・安いスチールパイプの二段ベッドを導入：ボルトをきっちり締めてもガタガタ、グラグラするので、ゲストに不評でした。業務用可と記載してある商品を選びましょう。

【運営】

・自分の宿に泊まったことがない：これ意外と多いです！　開業前に必ず自身で泊まってください。可能なら自分だけでなく宿のターゲットに近い知人にも頼みます。

・自分自身がAirbnbを使って宿泊したことがない：Airbnbを使ったことがない人がAirbnbで集客できません。

・リネン保管先を1階の押入に設定した：湿気の多い物件だったため、ほこりとカビのにおいが付着してしまった。２階以上の収納で、押入の場合はすのこを入れたうえで上段に設置することをお勧めします。

・リモコンや家電の操作方法の翻訳を置かない：外国人ゲストに毎回聞かれて面倒だし、満足度も下がります。

・寒冷地で急坂の上にある物件を契約：積雪や凍結時にゲストがチェックインできなくなるほか、大型タクシーが急勾配で入れないのでクレームに。

・リネンサプライ業者が見つからない：民泊でリネンサプライ（リネンのクリーニングと貸し出し）を利用するのは難しい（断られる場合が多い）ので、自分でオペレーションを組むことも検討しましょう。

・ゴキブリ対策を怠る：ゴキブリが発生しクレームになった場合、最悪全額返金になります。あらかじめゴキブリ対策を行いましょう。

・備品の倉庫やリネン置き場がない／狭い：消耗品の在庫・季節家電・予備の寝具・使用済みリネンなど、宿の備品は想像以上に場所を取ります。最低でも1畳分の広さの空間x棚3段程度は必要です。

・リネン置き場を客室内に作る：リネンサプライ業者が何時でも自由にリネンの納収品をできるように、リネン置き場はゲスト居室外に作ることをおすすめします。

・清掃マニュアルを用意していない：清掃を誰かに依頼する場合は必須です。属人的な作業になりやすく、クオリティにばらつきが起きます。

【集客】

・競合のリサーチ不足：競争が激しいエリアで開業してしまうと集客が大変です。あらかじめAirDNAでリサーチしましょう。

・無料だからと自分でSNS集客を頑張る（インスタ、YouTube etc.）：SNS集客は難易度が高く、素人が片手間でやってもうまくいきません。SNSが不得手であれば、OTAから始めてください。

【経営】

・定期借家契約で契約する：物件の契約には普通賃貸借契約と定期借家契約があります。普通賃貸借は借り手の権利が強い契約です。定期で契約をしてしまうと満期で退去しなければなりません。

・創業融資を使わない：創業時は融資を獲得できる最大のチャンスです。実績がなくとも融資が獲得できるからです。開業後は、実績が伴う必要があります。

・民泊開業初心者が、プロからセカンドオピニオンをもらわない：民泊開業の経験者に、「この物件で民泊開業してはならない理由、10個あげてくれないか」と、謙虚に聞ける人脈と、謙虚な心がある人は、民泊経営に成功できます。

・撤退基準を作らないで開業する：開業後うまくいかなかった場合の撤退ラインを明確にしてください。（半年経っても赤字など）

・収支を甘く計算してしまう：開業前の収支は厳し目に。しかし融資のために金融機関に提出する収支は甘めに……。

【リノベーション】

・アンペア数を30から上げられない：アンペアブレーカーが単相2線か3線かは必ず確認が必要です。2線の場合30Aまでしか上げられないのと、マンションで2線の場合は3線化工事すら難しいです。

・自分で床・壁・天井のペンキを塗る：プロなら2度塗りで済むところ、塗りムラが激しいので3度・4度塗りが必要だったり、時間も3～4倍かかります。

・リノベーションを開始後、最初の計画にない工事に着手してしまい、予算オーバーする：最初に立てた予算でのリノベーションに徹しましょう。人間は、リノベーションを開始すると、最初の計画にないリノベーションに着手しがちです。例えば、キッチンのシンクはリノベーションしないで既存の古いキッチン設備で開業する予定だったのに、結局、キッチンのリノベーションを実施してしまい、余分に50万円の費用が発生するなど。

重要度★

【設備・備品】

・石油ファンヒーターを設置：灯油の匂いは欧米人には苦手なようで、クレームが発生することがあります。

・黒色の家電、棚などを選ぶ：黒い棚は細かな埃でも目につきやすいからです。少しでも埃が残っていれば、掃除をきちんとしてないとゲストに思われるかもしれません。チェックアウト後の清掃から、次のチェックインまで2、3日、間が空いてしまうなんてことはよくあることです。その数日の間に、少しばかりの埃がたまってしまい、ゲストから低いレビューを付けられてしまったら目も当てられません。

・ターンテーブルの電子レンジを購入：ターンテーブルは掃除が大変。フラットテーブルが理想。

・白い水切りカゴを設置した：私のおすすめは黒の水切りです。水回りはどうしてもカビが発生します。カビが目立たないのは、黒い水切りです。もちろんカビが付かないよう一生懸命掃除はするのですが、わずかなカビというか黒ずみが残ることも可能性としてあると思います。その時のためのリスク回避です。

・高価なグラスやお皿を購入：グラスやお皿は頻繁に割られます。（特にワイングラス）

・布のソファを導入してしまう：宿泊施設のソファには頻繁にコーヒーがこぼれます。

・地上波が映らない：難視聴地域の場合はインターネットＴＶが必要です。アンテナ、ブースターの状態も必ず確認しましょう。古い型の中古ＴＶを買った際は、B-CASカードが付いているかも要確認。ただし地上波が映らなくても外国人ターゲットであれば問題なし。

・ＮＵＲＯ光を引けなかった：ＮＵＲＯは現地作業時に開通を断られるケースがあるので要注意です（工事が通常の固定回線＋αになるため）。

・屋外ゴミストッカーを軽いものにした：風で吹っ飛んだり獣に生ごみを荒らされたりするので、重くて頑丈なものが望ましいです。

・足の低いベッド：掃除機のヘッドが入らないような微妙な隙間が開いていると掃除が大変です。最低でも10ｃｍ以上の高さが必要です。ルンバの高さが9.2ｃｍほどのためです。

・給湯器の緊急ストップ設定が住宅仕様のままになっている：都市ガス・ＬＰガス問わず住宅仕様になっている場合は、ガス使用量によって突然ガス供給がストップすることがあります。

・毛足の長い淡色のカーペット：汚れや毛足のへたりが目立ちます。極力カーペットは置かない方が良いです。
・布製スリッパ：不衛生に感じるゲストが多いので、使い捨てでない場合はレザー製やＰＶＣ製のスリッパにしましょう。
・非常口サイン・電気機器の待機ランプ・明かり窓が眩しい：ささいな光でも夜間には眠りを妨げるほど眩しく感じます。小さな窓でもなるべく一級遮光カーテンやブラインドをつけましょう。
・脱衣所に無垢床材を使う：１ヶ月でカビが発生して張り替えました。
・白ペンキ仕上げの壁：汚れがたいへん目立ちます。
・普通電球を使う：夜間に電球が切れたら大変です。必ずＬＥＤを使いましょう。
・家電製品購入時に付属で付いてる電池を使う：テレビやエアコンのリモコンの電池など、持ちの長い電池に交換しましょう。（デフォルト電池はすぐ寿命が来ます）。
・Wi-FiのＩＤとパスワードがデフォルトのまま：デフォルトのパスワードは数字や大文字小文字が混じっていて入力しにくい。理想はＱＲコード化すること。
・木製の安いベッドを購入：安価な木製のベッドは壊れます。（特にすのこの部分）。床板の商品であれば壊れにくいです。

【集客】

・Booking.comだけで集客してしまう：開業当初は、使いやすいAirbnbだけで集客し、Airbnbのリスティングに10個くらい口コミが溜まったら、民泊の運営にそろそろ慣れてきている頃なので、サイトコントローラーを使ってBooking.comでも集客を開始しましょう。

・同日インアウトの予約をとってしまう：民泊の開業から、3ヶ月くらいしたら、同日インアウトの予約をとりましょう。同日インアウトは、難易度が高いです。当日、チェックアウトの人が、アウトの日を勘違いして、観光に行ってしまい、チェックアウトしてくれないことは稀に発生します。すると、当日チェックインするゲストが、部屋に入れません（チェックアウトする人の荷物があるため）

アンケートによると、同日アウトを取る人は、6割くらいいます。取らない人は3～4割です。

【経営】

・業務の外注を前提としない：宿泊施設の運営は外注化がしやすいです。清掃やリネンなど、オーナーがしなくても良い仕事（メッセージ対応や清掃など）は積極的に外注化しましょう。

・遠方の築古物件：築古物件の運営は修繕などでかなり手間がかかるので、自分が行きやすい範囲で契約するのがお勧めです。片道30分以内が目安。

・高速道路沿いの物件：車の騒音は電車以上にクレームになりやすいので要注意です。

【リノベーション】

・単色（無地）の床材を選ぶ：単色の床は汚れや髪の毛が目立ちます。

第7章

ベテラン民泊オーナーがサイトコントローラーを使う理由

第7章　ベテラン民泊オーナーがサイトコントローラーを使う理由

この本の中では、民泊運営を自動化する方法を既に紹介しています。しかし、もっと楽に効率的に、民泊運営を自動化できるシステムがあるのです。

それが、私の開発したBeds24です。

Beds24には、サイトコントローラーとPMSが内蔵されています。

まず、サイトコントローラーとは、複数のOTA（予約サイト）の在庫と料金を一元管理するシステムのことです。

たとえば、Airbnb、Booking.com、じゃらんに、自分の運営する民泊を掲載しているとします。どれかのサイトから予約が入った場合は、他の予約サイトでも予約済みにしないといけません。これを怠ると、ダブルブッキングが起こります。

もちろん、「Airbnbでしか販売しない、Booking.comでしか販売しない」など、OTAを1つに絞っている場合は、サイトコントローラーは不要です。

しかし複数のOTAで販売するのであれば、サイトコントローラーの導入は必須です。

部屋在庫の管理は全て自動で行われるので、予約・変更・キャンセルがあった場合でも、あなたは何もすることなく、自動で在庫が調整されます。

次にPMSとは、「プロパティ・マネジメント・システム」の略で、フロント業務を一元管理するシステムのことです。チェックイン・アウト、精算、部屋割り、ゲスト管理など、フロント機能を網羅しています。

では、PMSで具体的に何が自動化されるのかをご紹介します。

●チェックインの2日前に事前決済

支払方法をチェックイン時に支払いとしていると、受付

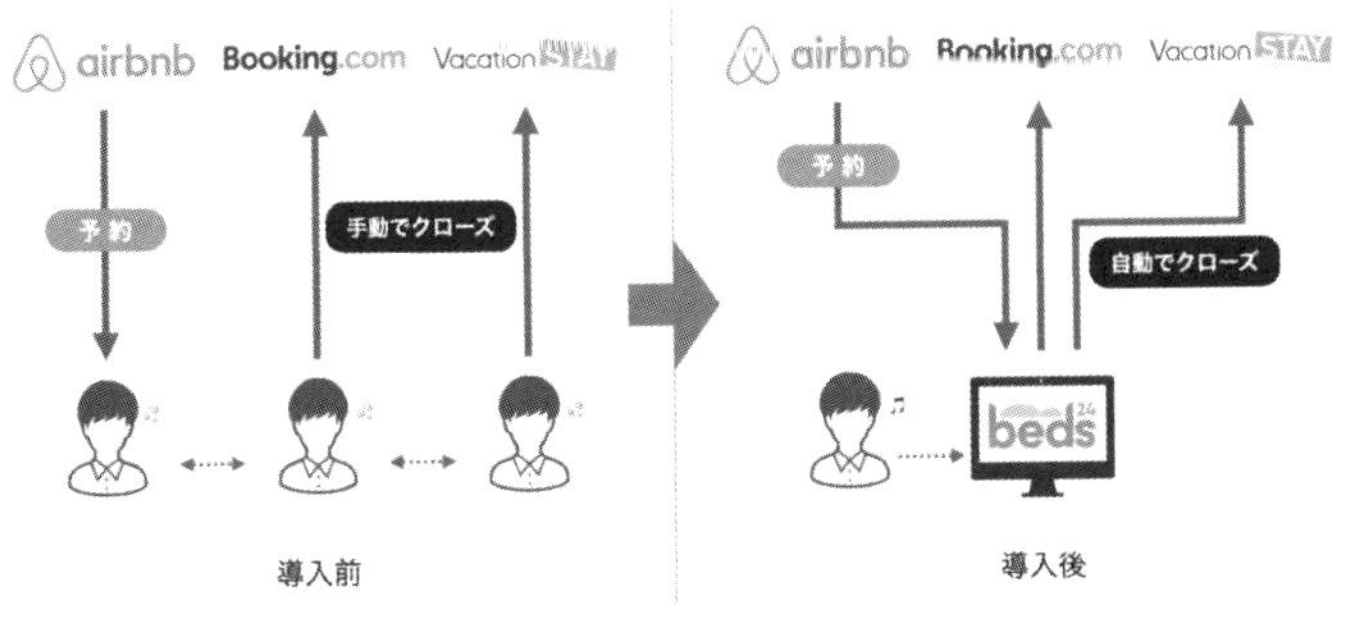

の際に現地へ行かなくてはいけません。

しかし、Bed24を使うことで、チェックインの2日前に、予約時に登録されたクレジットカードから自動で宿泊料金を引き落とします。決済完了後、ゲストに自動で領収書が送られます。

●チェックイン前にオンライン台帳を記載可能

法律上、チェックイン時に紙の宿泊台帳に名前や住所を記載することが義務付けられています。しかし、Beds24では、チェックイン前にオンラインで記帳してもらうことが可能です。

●顧客情報の管理

PMSを使うと、予約したゲストの名前や電話番号、住所が自動的にシステムへ取り込まれます。加えて、検索機能を使えば過去の予約も出てくるので、新規の予約かリピーターかも判断できます。

●レポートの抽出

Beds24では、ボタンひとつで簡単にホテル運営に必要な指標をレポートとして出すことが可能です。

●メッセージに自動送信

宿泊予約を行ったゲストへ送るメッセージを定型文化して、保存できます。名前、日付など、ゲストごとに変えなければならない箇所も自動で変換できるように設定できるので、いちいちゲストごとに文面を作成する必要がなくなります。

このように、民泊の運営に必要な細々とした業務が網羅的に自動化できるのが、PMSの強みです。

では、自動化すると、どれほどのコストと時間の削減になるのでしょうか。

実際にBeds24を導入している民泊オーナーの方々にアンケートを取りました。

その結果が次の図です。

削減できる時間は、一月あたり10時間55分、年間では約132時間でした。

削減できる金銭コストは、一月あたり7058円、年間約85000円）のコスト削減に成功していました。

Beds24を導入することで、空き時間と自由に使えるお金を捻出することができるのです。

もちろん、Beds24が全ての民泊オーナーさんに勧められる訳ではありません。

ひとつのOTAにしか登録していなければサイトコントローラー機能は不要ですし、新しくシステムを覚えるのが苦手という方には、メリットよりストレスの方が大きいかもしれません。

しかし、もし民泊の売り上げをもっと伸ばしたい、複数の宿を経営してみたいなら、Beds24を使う方が確実

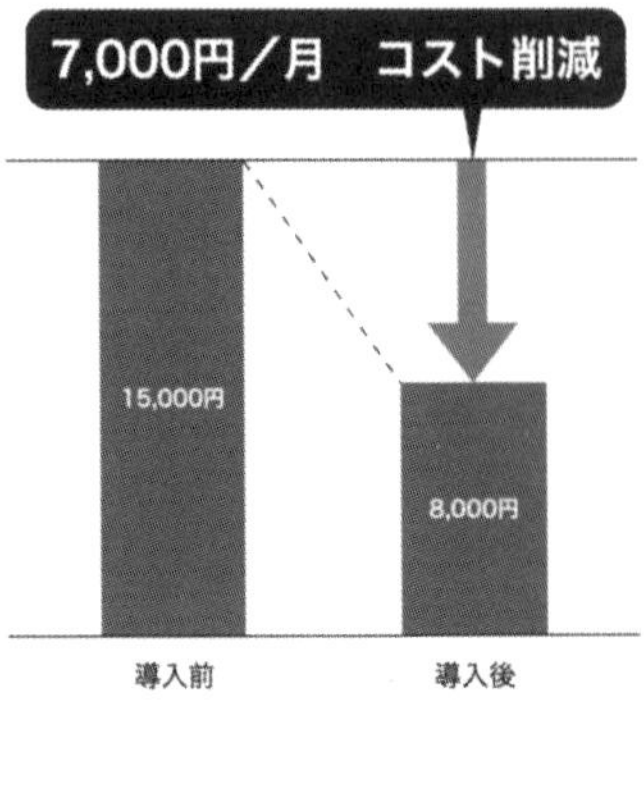

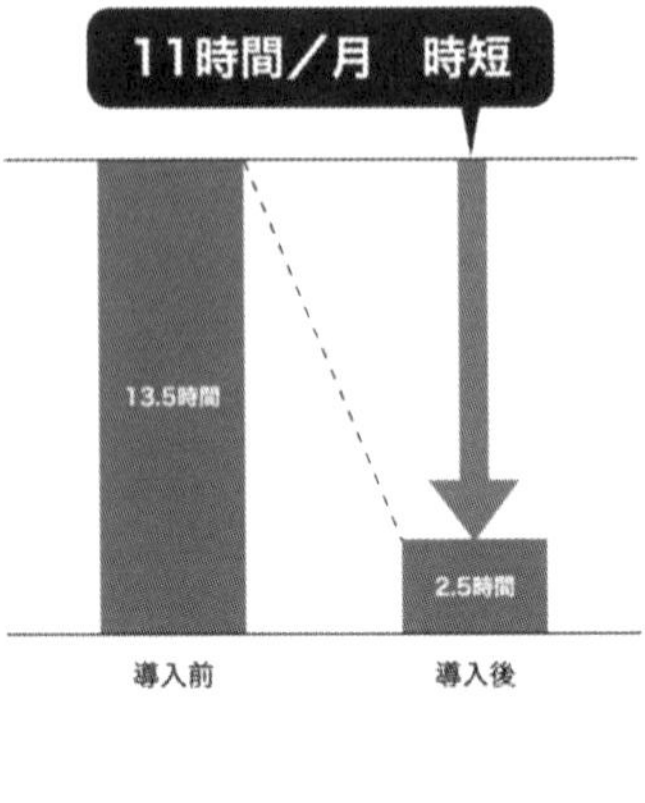

に売り上げは伸びます。

つまり、Beds24のご利用は、主に民泊経営の中級者以上、つまり2件目の民泊を開業した方々にはぴったりなのです。

本書をお読みいただいて、ワンランク上の民泊経営に挑戦したい！　と思ったならば、ぜひBeds24の導入をご検討ください。

僕は民泊オーナー様の真の成功を願っています。

読者の皆様への特典

Beds24の無料トライアルは通常1ヶ月ですが、特別に読者の皆様のために、次のQRコードからアクセスできる専用ページをご用意しました。このページでパスワード「２４３９」を入力してお申し込みいただくと、２ヶ月間の無料トライアルをご利用いただけます。

Beds24の月額料金は最低約４０００円からとなっており、この特典をご利用いただくことで、８０００円分のサービスを無料でお試しいただけます。ぜひこの機会にご活用ください！

なお、恐縮ながら、こちらの特典はすでにBeds24をご利用中の方は対象外となりますので、予めご了承ください。

おわりに

これは、私が2021年にTwitter（現X）に投稿したツイートです。この中にある、ノーショーは『ドタキャン』を意味します。

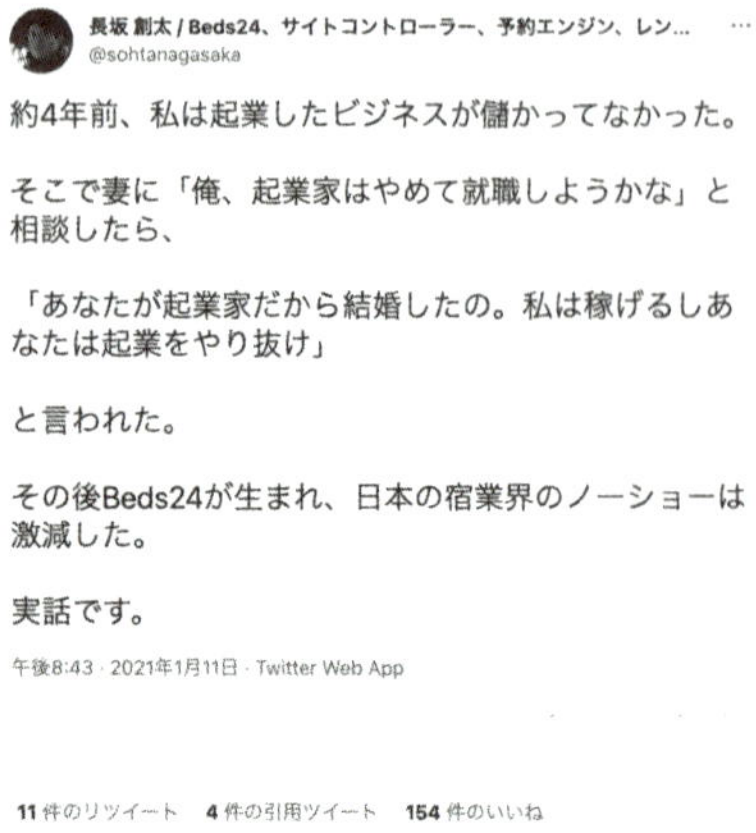

長坂 創太 / Beds24、サイトコントローラー、予約エンジン、レン… ···
@sohtanagasaka

約4年前、私は起業したビジネスが儲かってなかった。

そこで妻に「俺、起業家はやめて就職しようかな」と相談したら、

「あなたが起業家だから結婚したの。私は稼げるしあなたは起業をやり抜け」

と言われた。

その後Beds24が生まれ、日本の宿業界のノーショーは激減した。

実話です。

午後8:43 · 2021年1月11日 · Twitter Web App

11 件のリツイート　4 件の引用ツイート　154 件のいいね

弊社の創業の始まりは私のバックパッカー経験

私がバックパッカーとして日本を飛び立ったのは、2011年2月28日、私は26歳でした。ベトナムのハノイから始まり、東南アジア、インド、中東、ヨーロッパ…そしてアフリカ、南米、中米、北米を回る長旅です。

2011年12月26日、出国から約10ヶ月後に、私は帰国しました。訪れた国は46ヶ国で

す。これは、イースター島でモアイと撮った写真です。

私は世界中で、各国の旅人と酒を飲みました。「貧乏旅行、楽しかった！」こう思った私は、旅行業界で生涯仕事をすると決めました。

帰国後、私はヒッピー同然のニートでした。人間、使わない能力は失われます。帰国直後の私は、漢字が書けない状態になっていました。

そんな私は「社会復帰のリハビリのため、早稲田大学でも行こう」と考え、早稲田大学を受験しました。受験の日は2012年2月26日で、帰国から約2ヶ月後でした。周囲の

家族の予想に反し、ヒッピーだった私は早稲田大学に合格しました。

私の受験番号は、4502でした。ネットで合格発表の4502の番号を見た瞬間、「おっしゃー！」と叫び、ガッツポーズしました。

漢字を書けなかった私が、筆記の論文試験をパスできた理由は、今もわかりません。恐らく、変人枠で早稲田大学に合格したのでしょう。

学生生活は楽しく、親しい友人もできました。そのうちの2人が、後に弊社のCIOとCOOになります。

私と友人2人は、皆で貯金を出し合い、バックパッカー宿を開業しました。

当時経営していた『スターイン東京』です。弊社の歴史は、東京都葛飾区の安宿『スターイン東京』として始まります。2015年の開業です。

開業当初は経営は順調でした。しかし、宿経営は徐々に2017年に向けて価格競争に巻き込まれました。私と創業者2人は、宿を差別化する策は何も用意せず、宿を開業したツケを価格競争の中で払うことになりました。

価格競争からどうしても抜け出せず、創業者の3人は、経営的に追い詰められ、苦しい日々を送りました。

私は、夜に寝られず、睡眠導入剤を飲んで、頑張って寝て、次の日になんとか宿に出勤する生活でした。宿の経営は本当に辛かったです。

ここで少し、私の妻の話を。私と妻は、早稲田大学で出会いました。付き合ってしばらくたったある日、私は妻にこう誓います。「俺は起業家になり、時間的な余裕と金銭的な余裕を得る。そして、元バックパッカーの俺は君を世界の国々に連れて行く」。

2015年、私は貧乏なまま、妻に結婚してもらいました。私が妻を世界旅行に連れて行くのは、妻との約束となりました。まあ、私も妻も若かったですね。

そして2017年、宿の経営は行き詰まっていました。

ある時、私は妻に「俺、起業家を辞めて就職しようかな」と、言いました。

そしたら、妻は私に言いました。

「私はあなたが起業家だから結婚したの。あなたが起業に失敗して無収入になっても、私は稼げるし、あなたは起業家をやり抜け。」と。

私は妻に感謝しつつ、もう一度、起業家として頑張ることにしました。

しかし私は、宿経営では生き残れないと悟り始めていました。故に、私を含む弊社の創業者3人は、いくつかのビジネスアイデアを試しました。アイデアの一つが、宿のドタキャンを防ぐアプリでした。

当時、弊社が運営していた宿は、ドタキャンが売上の約20%もありました。ドタキャンされると、売上はドタキャンの分、ゼロになります。ドタキャンは、宿の経営を圧迫する主要な原因です。2017年の当時の宿業界では、ドタキャンが日常茶飯事でした。弊社の宿だけが、ドタキャンに苦しんでたわけではありません。

幸運にも、弊社のCIOが、元プログラマーでした。彼は、ドタキャンを防ぐアプリの試作品をすぐに作り始めます。

出来上がったアプリで、弊社の宿のドタキャンが、消滅したのです。このドタキャンが消滅した瞬間を、私は今でも鮮明に覚えています。それくらい、衝撃的でした。

こうして、ドタキャン防止アプリ『Beds24』が誕生しました。

弊社は、すぐに他社の宿にBeds24の販売を開始し、すぐに全国の宿から問い合わせが殺到しました。

Beds24の問い合わせが弊社に殺到しすぎて、忙しすぎた私はランチのサラダをミキサーで粉々にして、飲んでいました。つまりサラダのスムージーを作っていました。

サラダのスムージーはまだ良いとして、私は忙しすぎてパニックになり、ランチの牛丼をミキサーで粉々にし、牛丼スムージーを作ることを真剣に考えていました。

結局、牛丼スムージーを作ることはしませんでしたが、本当にBeds24の発表直後は、忙しくて大変でした。

運営していた宿『スターイン東京』の経営権は、2018年4月に他社へ譲渡しました。そして、弊社は創業者3人全員でBeds24のビジネスに集中することになりました。

今、弊社は正社員15人の会社になりました。

今の会社の規模は、起業家として大成功とは言えません。しかし、小さい成功を収めています。弊社の経営は安定しています。

ああ、よかった。

既出のように、2017年、私の妻は私に「起業家をやり抜け！」と、喝を入れました。

その妻の喝の後、現在では、『宿業界でドタキャンは防げるもの』という現実の認識が一般的です。この『宿業界でドタキャンは防げるもの』という現実は、元を辿れば、私の妻のおかげです。

私の妻が、私に起業を諦めさせていたら、Beds24は産まれていません。つまり、妻が私の起業に寛大でなかったら、今も『宿業界でドタキャンは防げないまま』だった可能性があります。

無名の私の妻が、実は日本の宿のドタキャン絶滅に最も貢献した人です。

起業して、長い年月が過ぎました。本当に大変でした。私には、もう一回、ゼロから起業するのは無理です。

妻は最近、「結婚時の約束の世界旅行、連れてってくれる？」と、私を詰めています。『世界旅行に連れて行く』という、妻との約束は、後3年以内に実現したいと思います……多分。

この本の次に読むのにおすすめの本

民泊運営についてもっと勉強されたい場合は、ぽんこつ鳩子さんの本がおすすめです。

『民泊1年生の教科書――未経験、副業でもできる！』（祥伝社、ぽんこつ鳩子著、二〇二三年）

私の本は、定量的な内容が多いです。しかし、宿の経営には、定性的な内容も重要です。定性的な宿経営の改善を目指すなら、次の本を読んでみてください。

『クリエイティブジャンプ　世界を3ミリ面白くする仕事術』（文藝春秋、龍崎翔子著、二〇二四年）

副業、投資などについて、広い分野の見識を深めたい方々は、山崎元さんの本がおすすめです。オーディブル版もあるので、耳から聞けます。

『経済評論家の父から息子への手紙　お金と人生と幸せについて』（Gakken、山崎元著、二〇二四年）

次の三冊は、お金に関する知識を正しく把握できます。

『JUST KEEP BUYING 自動的に富が増え続ける「お金」と「時間」の法則』（ダイヤモンド社、ニック・マジューリ、二〇二三年）

『敗者のゲーム』（日本経済新聞出版社、チャールズ・エリス、二〇二二年）

『サイコロジー・オブ・マネー 一生お金に困らない「富」のマインドセット』（ダイヤモンド社、モーガン・ハウセル・二〇二一年）

また、お金が人生の全てではありません。金で買いにくい人生の幸福をどのように獲得できるかをハーバード大学の科学者が研究した本もおすすめです。

『グッド・ライフ　幸せになるのに、遅すぎることはない』（辰巳出版、ロバート・ウォールディンガー、二〇二三年）

これらの本が、あなたの人生の実りになることを祈っています。

本書を発刊するにあたり、ご協力・ご執筆を頂きました吉岡ライズ様、本書に収録されている5～7ページ、10～31ページ、38～41ページ、170～175ページの原稿をご執筆頂きました町田紗季子様をはじめとする、多くの関係者の皆様へ感謝を申し上げます。

私の妻の長坂ビクトリア。

弊社の創業者の木村里奈、Wahyu Guruh Widjaja。

SNS経由で民泊を通して知り合った友人、吉岡紗衣子様、ぽんこつ鳩子様、すずき教平様、エンゲル部長様、なみ様、羽田徹様、山口慧様、編集者の土岐様。

著 **長坂創太**
協力 **吉岡ライズ**

サラリーマンの最強副業!
誰でもできる民泊の教科書決定版
(さらりーまんのさいきょうふくぎょう! だれでもできるみんぱくのきょうかしょ けっていばん)

2025年2月12日　第1刷発行

著　者　　長坂創太
協　力　　吉岡ライズ

発行人　　関川誠
発行所　　株式会社 宝島社
〒102-8388 東京都千代田区一番町25番地
電話：営業03(3234)4621 ／編集03(3239)0599
https://tkj.jp

印刷・製本　中央精版印刷株式会社

ISBN978-4-299-06400-4

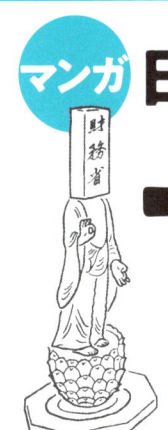

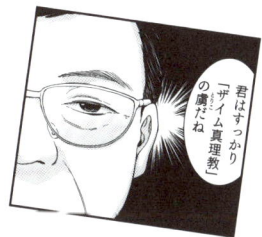

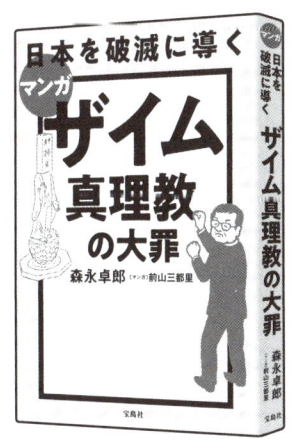